CB044937

SIMPLES ASSIM

EDNA MARIA HONORATO

SIMPLES ASSIM

A HISTÓRIA DA **CEO** QUE VEIO DA **ROÇA**

PRIMAVERA
EDITORIAL

Agradecimentos

Ao ver esse livro pronto, após ter me submetido a uma cirurgia de alto risco e cuja convalescença praticamente coincidiu com a pandemia, só posso me valer de uma palavra para expressar os meus sentimentos.
Ela é gratidão! Imensa. Terna. Indescritível. É uma dádiva poder ter minha mãe, dona Maria, com todos os seus filhos, meus irmãos, nos depoimentos dessa minha história que, literalmente, nasceu dela. Digo o mesmo aos tantos amigos, colaboradores, parceiros, líderes e liderados com que tive e tenho o privilégio de conviver. Devo a todos e a cada um inumeráveis lições. Igualmente ao Consórcio Magalu e seus acionistas, cenário e personagens da fase mais luminosa e gratificante de minha vida.
Por fim, meu carinho ao jornalista e biógrafo José Ruy Gandra, que, como mentor nessa minha

jornada, soube tão bem expressar os meus sentimentos e cumprir o que entendo como minha missão neste livro: devolver à humanidade um pouco do tanto que recebi e, se possível, inspirar gente ao meu redor.

Por fim, grata à equipe da Editora Primavera e aos executivos do Great Place to Work por seu profissionalismo e sensibilidade.

Grata, sobretudo, a Deus, por cada dia de minha vida.

Dedico esse livro ao meu filho Neto, à minha nora Julia e a todos os que contribuíram para que ele agora possa ser lido. A vida segue...

Edna

APRESENTAÇÃO
Liderança para todos

O LIVRO QUE VOCÊ VAI LER CONTÉM LIÇÕES PRECIOSAS: de superação, de liderança, de vida. Da roça mineira para o cargo mais alto do Consórcio Luiza, do grupo Magalu, uma das organizações que mais crescem no país, Edna Maria Honorato conta de forma simples e delicada sua trajetória, sem separações entre a vida pessoal e profissional, afinal visionária do seu tempo, ela reconhece que separar a vida em caixinhas é uma fantasia. "Eu não preciso ter um coração para o trabalho, outro para chegar em casa, um terceiro para me relacionar com os amigos e um quarto para ir a um jantar. A Edna é a mesma. Ela desempenha papéis diferentes, mas sua essência não muda jamais." É neste tom, que ela vai contando sua história, desde as primeiras memórias de sua infância – humilde, mas não sofrida – até os dias atuais.

A narrativa é construída de forma linear, mas os capítulos são entrecortados por depoimentos de pessoas – e quantas pessoas – que fizeram e fazem parte da sua vida. Familiares, amigos, funcionários. Gente -- que é o pilar que sustenta sua vida e explica também sua trajetória de sucesso no mundo corporativo. Gostar de gente não é apenas um clichê da gestão de pessoas, é a premissa para se conectar genuinamente com seus times. Quando você gosta de gente, você se interessa pela parte toda – não apenas pela função – e consegue, a partir dessa visão, extrair o melhor potencial de cada um, aumentar o engajamento e, consequentemente, promover um ambiente de trabalho confiável e acolhedor. Esse sempre foi o diferencial na gestão de Edna. Com uma percepção muito próxima das pessoas que estão na ponta do negócio, sejam elas os clientes ou os colaboradores, ela consegue enxergar as melhores competências, os principais gaps e estimular a criatividade do ambiente. Em outras palavras, ela sabe mover com maestria as peças a favor do negócio, permitindo que todos se sintam confortáveis nas melhores posições.

Sua liderança é simples, mas longe de ser simplória. Ao contrário. Há elementos de ousadia

– como o dia em que ela decidiu fazer um sorteio entre os líderes para trocá-los de equipe, forçando cada um a se colocar no lugar e experimentar o desafio do outro. Afinal, em suas palavras "não existem gerentes da área X ou Y. Existem gerentes da empresa Consórcio Magalu". Sabe como definimos esse valor no Great Place to Work? "Um time, uma missão". Há ainda nestas páginas conceitos sofisticados de gestão, como os relacionados à permanência dos funcionários na empresa. "Eu posso ter um liderado que gosta muito de mim, que gosta muito da empresa, mas de repente, o que quer para a vida dele não está nem em minha liderança nem em minha própria empresa. Então, eu também não posso ter esse apego, querer mantê-lo comigo na empresa para sempre." O nome disso é maturidade, o que sobra na liderança (e na vida) da Edna – parte pela sua personalidade de assumir seu próprio destino sem se importar se é jovem, se é mulher ou se é mãe solteira – parte pela espiritualidade, que ocupa uma porção significativa da sua vida e, portanto, dessas páginas também.

Luiza Helena Trajano, a responsável por enxergar na Edna não apenas potencial e competência, mas valores alinhados à cultura do Magalu, resume sua liderança como humanista. A própria Edna se define como uma líder servidora. E eu a reconheço como uma líder *For All*, ou seja, ela lidera para todos. Todas as vezes em que assumiu um cargo de gestão, Edna não fugiu à responsabilidade. Sabia que, como líder precisava orientar, dar o norte e ajustar o cenário, muitas vezes com atitudes difíceis. Porém, sempre soube envolver o time, compartilhar as decisões e fomentar um ambiente de confiança. "O líder é altamente responsável pela criação de um ambiente de trabalho diferenciado, coeso e acolhedor. E ele deve fazer isso por meio de exemplos e atitudes que imprimem e norteiam os demais níveis da organização. Quem quer liderar, tem de liderar para TODOS."

Colocar em prática esse conceito sem dúvida foi o caminho que levou o Consórcio Luiza ao ranking das Melhores Empresas para Trabalhar no Brasil por dez anos consecutivos e, também, figurar entre as Melhores Empresas para Trabalhar na América Latina. Afinal, quando você coloca as pessoas no centro da estratégia, não apenas permitindo que os colaboradores participem da vida da empresa, mas convidando-os a se envolver de verdade, a consequência é natural e imediata: pessoas mais felizes; negócios mais rentáveis; sociedade mais equilibrada. Nosso papel aqui, como Great Place to Work, é reconhecer esses bons exemplos, fazendo com que eles inspirem outras tantas organizações a seguirem nesse caminho.

Embora você tenha um repertório fantástico de exemplos neste livro, não vai encontrar aqui uma fórmula de sucesso, mas sim uma história inspiradora. A trajetória de Edna se aproxima a de muitos brasileiros, pessoas comuns, que nascem em famílias humildes, mas que transmitem aos seus filhos valores gigantescos. Essa base irá sustentar seu caminho e guiar suas decisões no futuro, imprimindo seu jeito de trabalhar e sua forma de liderar pessoas. Sua trajetória traz lições poderosas de coragem, vulnerabilidade e, sobretudo, resiliência, habilidades fundamentas para o líder de hoje. Simples assim – a história da CEO que veio da Roça - não é um livro simples. Ele é simplesmente extraordinário.

Ruy Shiozawa é CEO do Great Place to Work Brasil, founder e acionista nas startups Youleader, Weego e Jungle

Sumário

PREFÁCIO 15

1 – COLECIONADORA DE LEMBRANÇAS 19

2 – UM NEGÓCIO CHAMADO CONSÓRCIO 49

3 – A ARTE MINEIRA DE LIDAR COM GENTE 83

4 – MATERNIDADE ATRIBULADA 103

5 – CONSÓRCIO? TEM NO MAGALU! 123

6 – "FILHA: ONDE É O FIM?" 151

7 – VERDADE, EXEMPLO E RESPEITO 185

8 – UM DURO ADEUS 221

9 – ABISMO DE LUZES 273

EPÍLOGO – ALMA GRATA 301

POSFÁCIO – MÃE DE MUITOS 305

Prefácio

NA MINHA VIDA PROFISSIONAL COMO COACH/MENTOR de líderes e facilitador do desenvolvimento de equipes e organizações tive, e continuo tendo, o privilégio de conhecer pessoas que, durante os trabalhos, foram capazes de transformar não apenas a si mesmas, revelando qualidades, talentos e valores adormecidos ou não plenamente expressos, mas também tiveram a oportunidade de inspirar a transformação de indivíduos, equipes e organizações que estavam sob suas lideranças. Por isso, escrever o prefácio deste livro é um grande prazer para mim. Primeiramente, por ter tido a oportunidade de acompanhar o processo de crescimento pessoal e profissional da Edna durante todos estes anos – desde 2004 para ser exato. Segundo, por ter apoiado e testemunhado diretamente os aprendizados que ela realizou em sua trajetória, marcada por tantos desafios pessoais e profissionais.

Sempre me impressionaram nela sua resiliência e tenacidade diante das adversidades. Embora, num primeiro momento, reclamasse da dimensão dos desafios, Edna, intuitivamente, descobria as qualidades e virtudes necessárias para lidar com a situação, transformando rapidamente o caos, o conflito e as perdas em oportunidades de superação, aprendizado e exemplo de liderança. Não foram poucos esses momentos problemáticos – alguns de extrema gravidade, como os desafios de sua infância pobre, o início de sua carreira profissional, a crise da empresa, a morte da enteada e, em seguida, a do próprio marido. Por fim, ela defrontou-se com a experiência de um câncer cerebral com potencial de ameaça à vida. São situações extremas, as quais sabemos fazer parte da existência humana, mas acreditamos, secretamente, que nunca vão nos atingir.

Depois de conhecê-la por todos esses anos, acredito que uma dimensão fundamental de Edna – algo que na literatura espiritual denomina-se alma ou essência – preparou-a para enfrentar cada uma dessas situações-limite, ao ajudá-la a desenvolver uma profunda força de vontade e determinação (muitas vezes beirando a teimosia), e uma busca pelo autoconhecimento e o verdadeiro desenvolvimento espiritual. Essas qualidades deram a ela a coragem de encarar as situações, não importando a sua gravidade. Deram-lhe, também, calma e sabedoria para reconhecer que todos os eventos são passageiros, oportunidades para que possamos compreender aquilo que permanece, o que é eterno e não está sujeito às mudanças da vida.

Ao observar a sincronicidade da vida, percebo que as mensagens e os ensinamentos contidos neste livro não poderiam chegar ao leitor em melhor hora do que essa em que vivemos uma crise política, social, econômica, moral e de saúde sem precedentes. Nosso país se debate diariamente com questões de integridade, honestidade, ética e lealdade de nossas lideranças públicas e privadas. É o meu desejo sincero que a mensagem central deste livro – a possibilidade real de evolução da consciência a partir do resgate das qualidades e valores humanos e o seu impacto sobre as nossas relações – possa alcançar o maior número de pessoas. E que essa mensagem possa despertar em você, leitor, o desejo de investigar e implementar a sua própria missão ou propósito a partir das suas experiências de vida, e assim contribuir com o bem-estar e a evolução de nossas instituições, organizações e sociedade.

– ROBERTO ZIEMER
Fundador-Consultor da Liderança Integral e Mentor de Liderança e Facilitador em Desenvolvimento de Equipes e Organizações.

CAPÍTULO 1
Colecionadora de lembranças

NÃO É BRINCADEIRA DESCREVER A PRÓPRIA JORNADA PELA vida. Reunir numa única história os caminhos sinuosos de toda uma existência. Parto, então, da faixa de chegada. Hoje, após muitas batalhas, sou uma executiva à frente do Consórcio Luiza, uma organização seguidamente premiada pelo Great Place to Work (GPTW) como uma das melhores empresas para se trabalhar no Brasil. É algo fantástico!

Mas como vim parar aqui?

É o que vocês descobrirão a partir desta linha.

Adoraria ter minha vida inteirinha na memória, como se ela fosse uma paisagem num quadro já pintado. Mas não é. O tempo apaga camadas, ofusca passagens e condena muitos episódios ao esquecimento. Mesmo assim, acredito que somos colecionadores de lembranças e que elas nos visitam ou desaparecem na razão direta com que as cultivamos ou negligenciamos vida afora. Como sempre as considerei preciosas, me esforçarei para que elas ganhem vida nestas páginas – e para que nada de relevante escape desse meu inventário. É minha vida – e pretendo narrá-la com a mesma simplicidade e encantamento com que sempre a encarei. Espero ser feliz nessa jornada. Se essas histórias forem capazes de lançar alguns pontos de luz aos leitores ou de inspirar os espíritos mais receptivos, minha missão estará cumprida.

Numa dinâmica recente com meu mentor, o consultor organizacional Roberto Ziemer, consegui revisitar, com grande vivacidade, o momento de minha chegada a este mundo. Nasci no dia 6 de junho de 1960, em Perdizes, um minúsculo distrito de Araxá (MG), então com algumas centenas de habitantes. Hoje, sessenta anos depois, Perdizes abriga 15 mil moradores e é um município. Mas continua pequenina e aconchegante. Cheguei pelas mãos de dona Isaura, uma parteira já bem idosa. Minha família era da roça. Meus pais, meus tios, avós e tios-avós moravam todos numa colônia rural. Sou a quarta filha de nove irmãos e meu pai, lavrador, esperava que daquela vez viesse um menino para ajudá-lo na lida do campo. Fazia muito frio, e meu pai anunciou à família:

— É... Nasceu mais uma mulher. Mas, graças a Deus, é sadia.

A expectativa de meu pai já era um prenúncio de todos os desafios que eu teria pela frente. Porém, cada coisa ao seu tempo.

Apesar da família humilde, tive uma infância feliz, rodeada de irmãos, primos e vizinhos. Com tanta criança, sempre havia uma briga ou outra, e o nosso castigo era apanhar abraçados, para aprender a não brigar mais. Eram os valores que meus pais podiam nos transmitir, que estavam ao alcance deles. Nossa casa não tinha banheiro. Tomávamos banho de bacia. Só tivemos chuveiro quando nos mudamos para a casa do meu avô, em 1973. Foi quando meu pai comprou uma serpentina, a qual passava por dentro do fogão a lenha, para aquecer a água de um chuveiro. A luz vinha de lamparinas a querosene espalhadas pela casa modesta de quatro quartos, sala, cozinha e o "salão" (um espaço entre a cozinha e sala). Depois meu pai comprou lampiões de gás, que eram muito pouco usados, pois o gás já era caro naquele tempo.

Energia de verdade mesmo só veio um bom tempo depois, quando a Cemig lançou um programa para levar a eletricidade ao campo. Mesmo assim, só os fazendeiros ricos tinham acesso. Mas meu pai se inscreveu e conseguiu. Foi o único pobre no meio deles. Um antigo prefeito, senhor Olegário, a quem nós chamávamos de vô, disse que, se meu pai não conseguisse pagar as cotas, ele pagaria. Eles eram muito amigos, e comovia seu empenho para dar um pouco de conforto à minha família. Felizmente, meu pai honrou todas as prestações. Lembro-me de ele me dizer que, no início, pagava caro, o preço de um bezerro; mas, no final, já era um frango e, depois, só uma dúzia de ovos. Meu pai sempre foi muito à frente do seu tempo e do que ele pôde aprender na roça. Os primeiros aparelhos de rádio e TV da vizinhança rural foram iniciativas dele. A TV só transmitia chuvisco, mas ele dizia que dava para assistir ao futebol. Depois conseguiu instalar uma antena, para a alegria de todos. O rádio, por sua vez, nos abastecia de notícias e canções sertanejas.

Como meu pai não me fez sozinho, apresento-lhes minha mãe: Dona Maria. Ela sempre encarnou, com extremo zelo, o papel de autoridade na criação dos filhos. Meu pai era mais um conselheiro.

Digamos que, numa analogia corporativa, mamãe era a CEO, responsável por um dia a dia que combinava megadoses de amor a surras ou castigos esporádicos, mas necessários. Já meu pai era o presidente do Conselho de Administração familiar. Esse seu lado eu conheço desde a infância. Com ele, instintivamente aprendi a lidar com conselheiros no ambiente corporativo. Quanto à minha mãe, hoje vejo que, muito mais que a xerife da filharada, ela já era uma empreendedora naquela época. Além de cuidar dos filhos, ela costurava para todos nós, cultivava uma horta para nos dar de comer e fazia doces para vender. Além disso, era ela quem aplicava injeção nos que precisassem e quem lia e escrevia as cartas para os parentes, todos com pouca escolaridade. Ela foi o meu primeiro grande exemplo de empreendedorismo.

Vivi na roça até meus nove anos. Eu era muito ligada ao meu avô paterno. Seu nome era José Honorato, mas a gente o tratava por Pai Zé, pois ele detestava que o chamássemos de vô. Não queria se sentir velho. Ele foi casado com dona Maria (não a minha mãe), com quem teve quatro filhos. Quando ela morreu, ele assumiu a Silvéria, irmã mais nova da falecida, como sua nova esposa. Ela era muito novinha e já morava com eles. Desse segundo casamento só nasceu Antônio Honorato, o meu pai. Eu acredito que meu avô, um senhor já bem mais velho, abusou da menina Silvéria, minha avó. Ela tinha muita raiva dele. Mesmo assim (ou por causa disso), eles vinham me buscar todos os finais de tarde na casa dos meus pais, para que eu fosse dormir na deles. Era a tática de meu avô para que eu apaziguasse a relação dos dois; para que minha avó ao menos conversasse com ele. Mas ela era tão maluca que dormia dentro do guarda-roupa para não ter que se deitar com o meu avô. Ela tinha tanta raiva dele que queria pôr soda cáustica em suas cuecas para mutilar seus órgãos genitais. Na medida do possível, o tempo acabou dissolvendo essa animosidade insana.

Eu era muito paparicada por meus avós. Eles tinham um simplório engenho, e a rapadura saída de suas tachas enormes de cobre era um chamariz para a criançada. Eu era um tanto metida à época. Sempre impunha as minhas condições para as brincadeiras. Só brincava de casinha se eu fosse a princesa. Princesa que se preza tem de ter o vestido bordado, não é mesmo? Na falta de outra maneira mais convincente de me ornamentar, minhas primas e irmãs mais velhas pregavam pimentas vermelhas no meu vestido. Eu era a queridinha do vô Pai Zé. Lembro-me do farmacêutico da cidade, que fazia o papel de médico, pois em Perdizes não havia nenhum. Um dia, ele quis me dar 30 bezerras em troca de um relógio de parede que eu havia ganhado do Pai Zé. Eu tinha só seis anos e não aceitei. "Bezerro todo mundo tinha; mas aquele relógio, só eu." Acho que essa é a recordação mais longínqua (e muito vaga) que guardo sobre a manifestação, em mim, de qualquer traço de liderança e independência.

Naquela comunidade funcionava uma escola rural. Vinham crianças dos arredores e de muito longe para se alfabetizar. Todos estudavam numa única classe. A lousa, já velhinha, era dividida em três partes. Eram destinadas, respectivamente, ao primeiro, segundo e terceiro anos. Com isso, a gente aprendia as matérias de todos ao mesmo tempo. A professora, dona Laura, era a minha madrinha. Por causa da convivência com ela e com os alunos mais velhos, aos seis anos eu já estava alfabetizada. Em nosso ambiente, isso era um assombro. Meu avô, orgulhoso, me exibia aos amigos como um troféu. Ele pedia para que eu lesse para todo mundo, o que me deixava irritada. Eu era criança, queria ir para a cidade brincar nas festas. Mas, à época das eleições, meu avô me arrastava à casa do prefeito para me exibir aos políticos e bambambãs da cidade. Hoje compreendo perfeitamente o seu orgulho.

Estudei na escolinha rural até o segundo ano primário. Quando tinha nove anos, a escola fechou, a madrinha mudou-se para a cidade e eu tive de mudar também. Como faço aniversário em junho, não pude entrar no terceiro ano e fui obrigada a repetir o segundo. Foi meu primeiro "revés". Tive de enfrentar uma escola enorme, repleta de salas de aula, e fui parar numa classe de alunos mais velhos, repetentes. Eu estudava de manhã para aproveitar a carona do leiteiro, que ia cedo para a cidade. Andava mais ou menos uns três quilômetros morro acima para encontrá-lo às 5h30 e chegar às 7h na escola. Comparada à escolinha da roça, aquela era muito grande e assustadora para mim. Mas eu tinha muita facilidade para decorar. Logo me deram uma poesia sobre Tiradentes para declamar. Decorei. Mas, quando subi ao palco e vi toda aquela gente, fiquei tão assustada que comecei a chorar. É por isso que até hoje não consigo decorar quase nada.

Para me poupar dessa viagem diária com o leiteiro, meu pai arrumou um lugar na cidade onde eu pudesse ficar de segunda a sexta-feira. Era a casa da diretora da escola, dona Maria Célia, e de seu marido, Hélio Pinheiro. Como não tinha como pagar a eles, meu pai disse que eu já dava conta de arrumar uma cozinha e, de quebra, ajudaria a olhar os filhos deles. Eu tinha oito para nove anos e nunca vira uma casa tão grande como aquela. Na volta da escola, depois do almoço, dona Maria Célia me deu sabão em pó e disse para eu lavar toda a varanda. Nunca havia visto sabão em pó. Joguei aquilo no chão da varanda e achei maravilhosa aquela espuma reluzente. Dona Maria Célia tinha uma filha um pouco mais velha que eu, e nós duas passamos a tarde brincando de escorregar no sabão pelo chão da varanda. Apesar de eu ser uma criança que só queria brincar, fiquei lá uns seis meses, até o meio do ano, quando papai arranjou outro lugar, em que fui trabalhar como babá.

Assim segui até o quarto ano primário, quando, com 10 para 11 anos, mudei-me para a casa de uma senhora que costurava para fora. Era a dona Georgeta, casada com o senhor Antonio Notti. À noite, ele gostava de jogar truco com os amigos, e eu tinha de ficar ao lado deles, na mesa da jogatina, para servir água e café. No dia seguinte, precisava acordar bem cedo para regar um quintal enorme – algo como uns 12 por 50 metros, com jardim e horta – antes de ir para a aula às 7h. Essa senhora foi muito exigente comigo. Eu tinha que ajudá-la a arrematar todas as suas costuras e, praticamente todos os dias, me dava de almoço apenas arroz, feijão e molho de batatinha-inglesa.

Minha mãe sempre mandava as coisas do sítio de que eu mais gostava, mas a dona Georgeta ficava com elas. Escondia os doces e biscoitos de polvilho num armário do quarto dela, bem no alto, para que eu não alcançasse. O pior, no entanto, é que, quando ia à missa à noite, ela não me deixava ficar dentro de casa. Eu tinha de esperar do lado de fora até que voltasse. Por sorte, duas senhoras vizinhas, donas Áurea e Antoninha, me acolhiam, me davam jantar e me deixavam brincar com seus filhos. Ambas foram pessoas muito boas na minha vida. Até que um dia, em dezembro, dona Georgeta (e também as vizinhas) foram a uma festa da cidade e fiquei do lado de fora da casa, sem poder recorrer às minhas aliadas. Às 10h da noite, com sono, acabei dormindo no alpendre. Meus pais passaram em frente, indo embora para o sítio, e me viram.

Meu pai quis saber por que eu estava dormindo ali, e eu disse a ele que sempre foi assim. Ele queria me levar de volta para a roça, mas não quis, pois sabia que, se fizesse isso, dona Georgeta não me deixaria voltar, e eu não teria mais lugar para ficar. Eu queria seguir meus estudos. Mesmo ainda sendo uma criança, meu senso de responsabilidade foi maior. Meu pai foi embora, mas voltou no dia seguinte. Ele conversou com minha patroa, me tirou de lá e arrumou outro lugar para que eu ficasse. Apesar de tudo, sou grata à dona Georgeta, pois pude ficar um ano na casa dela e não abandonei a escola. Além disso, com ela aprendi a pregar botões, a fazer barras e pequenas costuras. Havia ali duas lições: o nível de exigência das pessoas também nos traz ensinamentos – e essas lições não são, necessariamente, agradáveis.

Depois disso, trabalhei na casa de outra senhora, fiz o exame de admissão e entrei para o ginásio. Sempre fui uma das primeiras alunas da classe. Os professores me acolheram muito bem. Lembro que, por um tempo, meu pai chegou a pagar uma pensão para a gente poder estudar, mas a dona não era lá muito boa da cabeça. O marido dela trabalhava na Nestlé e, quando viajava para fazer cursos, ela aproveitava para aprontar algumas loucuras. Certa vez, vestiu minha irmã e eu de homens para roubarmos as galinhas do vizinho. Com medo de perder o lugar para ficar e parar de estudar, nem sempre a gente contava tudo o que acontecia aos meus pais. Mas isso também era aprendizado.

Aos 12 anos, fui para a casa de outra senhora de Perdizes, a dona Terezinha Coutinho, que morava com a mãe e as filhas, e todas me tratavam muito bem. O interessante é que eu e dona Terezinha, uma senhora já idosa, estudávamos juntas na sétima série. Foi uma convivência muito rica, pois a filha dela já havia sido minha professora. Fiquei um ano na casa delas.

Meu pai tinha até comprado, algum tempo antes, uma casa na cidade. Mas não havia quem pudesse cuidar de nós enquanto estudávamos. Quando minhas irmãs cresceram, pudemos, finalmente, morar nela. Por um certo período, até cheguei a morar nessa casa com os inquilinos, conhecidos de meu pai, que me abrigavam em troca de não pagar o aluguel. Com 13 anos, na sétima série, fui estudar à noite para trabalhar durante o dia. Meu pai conseguiu uma vaga no primeiro supermercado aberto em Perdizes. Comecei fazendo limpeza e reposição de mercadorias, mas, como sempre fui curiosa e não me contentava em fazer só o que me pagavam para fazer, aprendi a mexer no caixa e lá trabalhei dos 13 aos 15 anos. Eu tinha um bom relacionamento com os fregueses que moravam na roça e, por isso, eles nem precisavam ir ao supermercado fazer a compra. Eles me mandavam as listas pelo leiteiro e eu me encarregava do resto. Sem saber, eu já era uma *shopper* e havia implantado o sistema *delivery* muito antes de qualquer restaurante ou pandemia. Praticamente, já era quase uma gerente, fazia de tudo um pouco: caixa, serviço de escritório, conferência de estoques e, às vezes, até atendia fornecedores. Foi lá que eu conheci um motorista de caminhão, o João Bambu, que gostava da minha irmã Hosana. Como ele era noivo, eu fazia o meio de campo da paquera; até que ele desfez o noivado e começou o namoro com minha mana. Trabalhei nesse supermercado até dezembro de 1975. Sair de lá não foi fácil, pois eles não conseguiam outra pessoa para ficar no meu lugar.

Foi em Perdizes também que comecei a ter contato com a espiritualidade. De certa forma, cresci num ambiente permeado pelo espiritismo. Minha irmã Hosana teve sérios problemas de saúde quando bebê. Ninguém conseguia descobrir o que se passava com ela. Meu pai, sem condição financeira para levá-la a um hospital em Uberaba ou Belo Horizonte, foi aconselhado a procurar o Chico Xavier. Ele acatou a sugestão e seguiu para Uberaba, onde o célebre médium fazia seus atendimentos. Foi com minha mãe, que levava Hosana no colo. Após examinar minha irmã, Chico disse que ela precisava de "passes e água fluidificada". Eles trouxeram várias garrafinhas do líquido para casa. Retornaram a Uberaba duas ou três outras vezes. Depois disso, meu pai passou a frequentar o Centro Espírita presidido pelo senhor José Elídio, na zona rural de Perdizes. Eu o acompanhava nessas viagens de charrete até o centro – e ficava feliz porque, como era longe, levávamos na charrete a chamada matula: um frango com farinha saborosíssimo que a minha mãe preparava.

Está aí, embrionária, a primeira semente de minha adesão ao espiritismo. Mais tarde, eu me aprofundaria na doutrina. Ao longo da vida, visitei Chico Xavier algumas vezes em sua humilde e encantada Casa da Prece, em Uberaba. Ele era uma pessoa franzina, com aquela peruca negra e os óculos fundo de garrafa bem escuros. Segurar sua mão, no entanto, era como tocar uma fonte de energia invisível, pacificadora, que me transmitia muita confiança e uma infinita amorosidade. Sua figura e suas palavras abrandavam o meu espírito.

No centro espírita de Perdizes, avisos fixados em cartolina nas paredes diziam que o silêncio era uma prece e convidavam as pessoas a se concentrarem, mas eu via que algumas dormiam, e não entendia muito bem o porquê. Às vezes, eu ficava do lado fora, com as outras crianças. Às vezes, entrava. Eu também ia à igreja católica, pois queria saber como era (e sempre questionava a sua pompa). Então, minha espiritualidade brotou muito cedo. Os meus pais nos ensinaram a rezar e sempre exaltaram o valor da oração. Uma coisa valiosa, puro cristianismo que aprendi com eles, foi sempre manter a porta de casa e o coração abertos para quem precisasse. Todos os que iam à nossa casa sempre receberam acolhimento e comida. Meu pai repetia que a pessoa que chega na casa da gente pode estar com fome. Sobretudo na roça.

Meu pai morou a vida inteira no mesmo lugar: a fazenda Macaúba. Com o tempo, os tios que moravam perto foram se mudando e ele, com muito sacrifício, foi aos poucos comprando as terras deles e reformando. O lugar sempre foi muito bonito. Como ele vivia repetindo, aquele era um local de encontros, onde íamos recarregar as nossas energias, receber os amigos. Meu pai sempre foi uma pessoa muito aberta, de muitos relacionamentos. Não tenho muitas dúvidas de que foi com ele que aprendi a gostar de gente. Mesmo quando eu já era adulta e dirigia, ele era meu companheiro de viagens, me dava conselhos, dicas sobre terras e compra de gado. Não aprendi muito sobre o mundo rural, mas esse é um período de minha vida que gosto muito de lembrar, pois pude vivê-lo com calma e intensidade. Sempre havia um pagodinho na casa de um ou de outro, em que os primos mais velhos nos ensinavam a dançar. Também havia as festas de casamento das primas. Eu adorava ir com as mais velhas até a cidade para tomar guaraná e ganhar uma balinha. Eu era sempre convidada, pois não brigava nem chorava.

Guaraná e bala eram sinônimos de ocasiões especiais. Lembro-me de que, certa vez, minha avó Silvéria voltou da cidade com um envelopinho de Ki-Suco. Ela não sabia bem o que era aquilo que o moço do armazém lhe havia vendido. Nós, crianças, ficamos curiosas para saber o que ela ia fazer com a tal novidade. Vó Silvéria, toda simples, colocou a chaleira de fazer café no fogão a lenha, dissolveu o pozinho na água fervendo e serviu Ki-Suco quente para a molecada toda. Só anos mais tarde descobri que era gelado que se tomava aquilo.

Em Perdizes, aprendi desde cedo a buscar minha independência com uma profissão. Mesmo não tendo consciência disso, o exemplo da minha mãe, vendendo doces ou os produtos da horta, me ensinou a negociar e a não depender de ninguém. Passei a me mirar nos seus exemplos e a ajudá-la nas vendas. Quando eu saía para vender, mal conseguia carregar as duas cestas de taquara, de tão pesadas. Às vezes, fazia aliança com crianças vizinhas, para me ajudarem a carregar e a vender em maior quantidade. Batia nas casas, oferecendo:

— A senhora quer comprar doce?

E a pessoa perguntava:

— Do que é que tem?

Eu, como boa vendedora, em vez de recitar o conteúdo das cestas, perguntava de volta:

— Que doce a senhora quer?

Se, por acaso, fosse um que eu não tinha, respondia que já ia trazer e corria buscar.

Desde pequena aprendi a vender e fazia isso muito bem. Mas não era de produzir. Esse nunca foi o meu forte. Fiquei em Perdizes até o primeiro ano do colegial (que era como o ensino médio se chamava). Eu queria muito fazer Medicina e percebi que teria de me mudar para outro lugar. Meus pais me apoiavam na medida do possível, especialmente meu pai, que nos dizia:

— Esse lugar não dá pano para manga para ninguém. Se vocês ficarem aqui, não irão além do que nós fomos.

Ele sempre nos incentivou a progredir, a lutar pelos nossos sonhos. E eu fui atrás deles!

" Gente ao meu redor

"Tive nove filhos. Não perdi nenhum. Sete deles nasceram em casa, com parteiras. Os dois caçulas (Janei e Mozart) tive com o farmacêutico e no hospital. No parto do Mozart, fiz cesárea e ligadura das trompas, encerrando minha carreira de grávida. O parto de Edna foi numa segunda-feira à noite. Eu estava esquentando água para coar um café para o meu marido quando as contrações começaram. Disse ao Antônio: 'A criança está vindo...'. Ele pediu que chamassem a parteira, que era a dona Codorninha, já bem velhinha, mãe da dona Laura, a professorinha da escola rural. Ela pediu água quente, panos, toalhas úmidas e uma tesoura. O parto foi muito rápido. Em alguns minutos eu já escutei o chorinho. Dona Codorninha higienizou a tesoura, cortou o coto e me entregou "um presente enviado por sua filha, a professorinha Laura: era um sabonete perfumado, artigo luxuoso naquele tempo. No dia seguinte, pela manhã, usei-o para dar o primeiro banho em Edna. Os avós assistiram ao parto. Eu já havia tido três mulheres e esperava que viesse um menino. Veio uma outra menina, linda e muito calma. Tivemos uma vida sofrida, mas todas as minhas crianças acabaram dando certo. Edna me ensinou como se deve encarar e viver a vida. Tenho certeza de que eu aprendi muito mais com ela do que ela comigo. Agora ela é minha mãe e eu sou a filha dela."

Maria Abadia Gomes Honorato, 85 anos, mãe

"A escolinha da zona rural de Perdizes, em que dei aulas por quase 20 anos, era pouco mais que um barraco de pau a pique. A cada ano, eu lecionava para 15 alunos, divididos em três séries, do primeiro ao terceiro ano. As aulas eram das 12h às 16h, e os alunos, na maioria dos casos muito pobrinhos, tinham de andar quilômetros para virem estudar e voltarem para suas casas. Como me formei apenas no primário, sem ter feito o normal, me limitava ao básico: alfabetização e noções de Geografia, Ciência, Matemática e História. Minha grande aliada sempre foi a cartilha *Caminho*

"Suave, com a qual alfabetizei todas as crianças que passaram pela escola rural. De muitas delas, as minhas lembranças já se perderam, mas a Edna ainda me desperta muita afeição. Era uma garota vivinha, ativa e muito inteligente. Apesar de sua aparência humilde, era muito educada. Nunca chamei a sua atenção em classe. Fiquei muito feliz em saber que, após deixar Perdizes, ela fez uma carreira brilhante. Sinto saudades dela – e daquela época mágica, em que eu tinha apenas 25 anos."

Dona Laura Severina de Castro, 93 anos, professora da escola rural de Perdizes

"Como eu havia feito apenas o magistério, dei aulas para Edna nos então 1º e 2º anos do ginásio, atuais 6º e 7º anos do fundamental. Eu conhecia seus pais e ia muito visitá-los na fazenda, em especial nos almoços de finais de semana. Ai, que saudades do franguinho caipira na panela que a dona Maria fazia, com seu aroma, sua carne suculenta e molho sensacional. Também me recordo da música sertaneja, que estava sempre tocando. Num desses almoços dominicais, Edna me disse, sem papas na língua: 'Você pegou toda a abobrinha, que eu adoro' e pediu de volta metade do que havia posto no meu prato. Consolidamos uma

"amizade que foi se solidificando ao longo da vida. Sou comadre da sua irmã Odete, cuja filha Ana Cristina é minha afilhada. Guardo impressões muito positivas de Edna, por causa da sólida formação familiar, que estimulava fortemente os estudos e a livre iniciativa dos filhos. Edna sempre teve uma reserva muito poderosa de determinação e coragem. Ela é fraterna e solidária, e sua vida espiritual é elevada e intensa. É isso que é importante na vida, não as religiões e crenças. Com o passar dos anos, eu me aposentei e mudei para Paraopeba (MG). Com isso acabamos nos distanciando. Mas minhas lembranças são as melhores possíveis."
Dona Maria Aparecida Franco, 80 anos, professora no primeiro grau, aposentada desde 1990

"Sempre que meus avós vinham nos visitar à tardinha, levavam a Edna para passar a noite com eles. Ninguém queria ir, pois eles tinham uma relação muito tensa. Então empurramos esse pepino para a Edna. Eles faziam tudo o que ela queria. Acho que, na verdade, era ela quem mandava neles. Nós chamávamos a Edna de Queridinha do Pai Zé. Então, ela foi mimada não sendo, pois era muito ciosa de sua independência. Pai Zé tinha um carro de boi e um pequeno engenho em que produzia rapaduras.

"Ele ia de carro de boi à cidade para fazer compras. A carroça praticamente se arrastava pelas estradinhas com o seu rangido. Só mais tarde comprou uma charrete para nos levar à escola rural. Também me lembro do Piloto, um vira-lata caramelo que era a alegria de todos. Morreu bem velhinho. Mas foi uma tristeza... Era um cão de guarda. Latia para quem chegasse. Em tempo: Edna adorava a minha comida, embora eu ainda fosse uma adolescente."

**Adélia Inês Honorato de Moraes,
66 anos, irmã primogênita**

"Tivemos uma infância financeiramente muito pobre, mas com uma união e riqueza de valores muito grandes. Quando escurecia, ouvíamos o rádio junto ao fogão a lenha, pois fazia muito frio à noite. Escutávamos a rádio Nacional de São Paulo, na voz do locutor Russo. Ouvíamos também programas sertanejos, como os de Tonico e Tinoco, e Pedro Bento e José da Estrada, entre outros. Papai achava que devíamos nos manter sempre bem informados. Quando terminei a escola na roça, fui estudar na estadual em Perdizes e meu pai me arrumou um emprego para trabalhar como doméstica em troca de moradia e alimentação. Adélia, Hosana, Odete e Edna seguiram o mesmo caminho. Eu e Edna

> sempre pensávamos em mudar nossas vidas. Ela foi atrás do que queria. Eu fiquei em Uberlândia. Ela queria ter feito Medicina, mas precisou trabalhar. Fiz magistério e, depois, formei-me em Pedagogia. Casei-me com o João Batista, irmão do Lázaro Antônio, que se casou com nossa irmã Lúcia. Dei aulas de Português até me aposentar, há sete anos. A Edna é um poço de coragem. Foi cuidar da vida dela, mas jamais perdeu de vista as suas raízes. Eu me lembro dela sempre que vejo um pêssego. É a fruta de que ela sempre mais gostou".

Odete Honorato Borges, 65 anos, irmã mais velha

"Não tenho a Edna como cunhada, e sim como irmã. Admiro a sua docilidade e essa presteza desinteressada em ajudar o próximo sem esperar uma troca. Ela sempre apoiou o nosso namoro. E olha que nosso caso não foi dos mais comuns. É que eu e meu irmão, o Lázaro, casamos com duas irmãs dela. Eu com a Odete; o Lázaro, com a Lúcia. Todas elas aprontaram muito com a gente, se divertiram um bocado à nossa custa. Elas é que não entenderam a nossa tática. Escolhemos duas irmãs para economizar sogra."

João Batista Borges, 68, cunhado, marido da Odete

"Edna é uma pessoa generosa e grata. Ela não se tornou. Sempre foi assim. Na escola em Perdizes, tomei bomba e ela me alcançou. Edna fazia as provas dela, as minhas e, se sobrasse tempo, as de mais um ou dois colegas de classe. Mudei-me para São Paulo, onde trabalhava como costureira, mas regressei para me casar. Meu então noivo, João Pereira Bernardo, o João Bambu, era caminhoneiro e vivia pelas estradas. Ele é um dos grandes personagens de nossa família. Edna foi o grande cupido de nossa relação. Bambu tinha outra namorada, mas gostava de mim. Edna, com muita astúcia, foi nos aproximando. Demorou anos para que ele deixasse a namorada. Tive de esperar um bocado, mas acabei ficando com o caneco."

**Hosana Maria Honorato Pereira,
irmã mais velha, 63 anos**

"Não vou falar muito, pois não sou bom de repertório. Conheci a Edna na infância, em Perdizes. Já me chamavam de João Bambu, pois desde pequeno sempre fui um moleque muito esticado. Eu tenho muita gratidão a Edna por tudo o que ela fez por nós. Mas, para mim, nada se compara ao fato de ela ter ajudado a conquistar a Hosana, "sua irmã. Quando ela se mudou para São Paulo, era a Edna quem escrevia minhas cartas, cheias de declarações de amor e coisas bonitas. Eu não dava conta. Como eu já disse, sou bem fraco de repertório. A Edna, em compensação, é um espetáculo. Com suas palavras doces, me ajudou muito a conquistar a mãe dos meus filhos."

João Pereira Bernardo, o João Bambu, cunhado, marido de Hosana

"A gente tinha, respectivamente, quatro anos (eu) e seis anos (ela). Íamos para a casa dos avós e a Edna era muito paparicada. Pai Zé, como o chamávamos, contava histórias de antepassados e assombrações. Eu tinha medo. Edna, não! Ela era a corajosa e eu, a medrosa. Pela pouca diferença de idade, éramos as mais próximas no dia a dia. Ajudávamos a mãe a preparar doces (goiabada, bananada e muitos outros). Num desses preparos, coloquei a banana no moedor e a Edna começou a girar a máquina. Quase perdi o polegar direito. Estudamos até o 3º ano com dona Laura, que nos alfabetizou. Como irmã mais nova, segui os passos dela. Cheguei a ir para Uberlândia, mas não aguentei o pique dela. Voltei para Perdizes, casei e tive meus dois filhos. Edna é extremamente

> versátil. Para ela, tudo passa. Ela não briga nem com Deus nem com a realidade. Talvez esse seja um traço familiar. Na nossa família, cada um do seu jeito e na sua ocupação, a gente sempre soube trocar o pneu com o carro andando. Costumo brincar que nossa família é formada por pai, mãe, eu, quatro irmãos pra cima e quatro pra baixo. Edna é apenas dois anos mais velha que eu. Mas sempre foi um pouco a cupido da família. Casei-me com o Lázaro aos 23 anos. Na verdade, foi um duplo matrimônio, pois minha irmã Odete também se casou – e foi com João, irmão do Lázaro. Dois irmãos com duas irmãs. Pode parecer um fato raro, mas já havia ocorrido em nossa família. Minha avó Silvéria e sua irmã também se casaram com dois irmãos da comunidade."

Lúcia Antônia Borges, 59 anos, irmã mais nova

"Entre os nove irmãos da família, Edna foi a única que deixou Perdizes e seguiu seu caminho, sem nunca ter voltado de vez ao nosso ninho. As mulheres da família sempre foram mais elétricas. Minhas outras três irmãs (a Odete, a Hosana e a Lúcia) também deixaram Perdizes, mas acabaram regressando, para se casar ou reencontrar a tranquilidade. Marcelo e Mozart até tentaram, mas "voltaram ainda mais rapidamente. Ambos eram muito necessários para cuidar da fazenda. A ausência de Edna, porém, era apenas física. Desde o primeiro dia de sua vida solo, ela jamais perdeu o contato com ninguém da família. Quanto mais ela avançava na carreira, mais nos ajudava. De força em força, acabou elevando toda a família a outro patamar. Basta olhar como estávamos e como estamos hoje para se ter uma ideia desse avanço. Se todos os seus irmãos eram roceiros, todos os seus sobrinhos fizeram faculdade ou, pelo menos, cursaram o ensino médio. Foi uma mudança imensa em todos os sentidos, movida, acima de tudo, por sua infinita generosidade. Graças a sua ajuda, eu mesma me tornei assistente social."

**Janei Adriana Honorato de Andrade,
52, irmã mais nova**

"Edna ficava muito brava comigo porque eu era do 'couro grosso' em questão escolar. Ela pegava muito no meu pé por causa disso. Também na questão de me tornar homem, ela foi muito importante. Ela me cobrava muita honestidade. Exigia que, se eu fizesse alguma coisa, fosse errada ou certa, teria de assumir. Mas em casa não havia muito espaço para pirraças. Meu pai até que só

> falava, mas minha mãe sentava o chinelo, vara de marmelo, tudo que encontrasse perto da mão. O fato de Edna cobrar estudos e honestidade de todos já mostrava um traço de liderança em sua pessoa."

Mauro Antônio Honorato, 54, irmão mais novo

"Fomos todos criados unidos e recebemos muito respeito de nossos pais. Edna era uma irmã muito ativa e responsável, e não mudou nada de lá para cá. Ela é uma pessoa paciente, mas não pode tirar ela do rumo, não. Edna sabe escutar tudo o que você diz. Mas, na hora de ela falar, você também tem de ouvir direitinho. Era sempre muito doce, mas rigorosa também. Um dia, quando morávamos na casa de Perdizes para estudarmos, eu não queria me levantar da cama por causa do frio. Edna chegou, arrancou meus cobertores e sentou o fio do ferro de passar roupa nas minhas pernas. 'Cria vergonha na cara, levanta e vai estudar.' Pulei da cama na horinha."

Marcelo Antônio Honorato, 56 anos, irmão mais novo

"Meu nome é Mozart, como o do compositor clássico, mas todos sempre me chamaram (e chamam!) mesmo é de Mozár. Minha criação foi um pouco distinta dos caçulas de outras famílias, geralmente os queridinhos dos pais. Eu não. Fui tratado igualzinho aos meus oito irmãos, sem favoritismo nem chamego. Éramos simples, mas sempre muito unidos. Naquele tempo, a infância era outra coisa, muito melhor. Eu me divertia jogando futebol no terreiro, armando arapucas para os passarinhos e pescando no córrego das Macaúbas, de onde tirava os meus lambaris, carás e bagrinhos. Meu pai sempre estimulou todos a construir sua vida independente. Sair da roça é sempre um desafio e um sonho. Como meu pai faleceu em 1995, fiquei para ajudar minha mãe na lida da fazenda. Portanto, sempre vivi em Perdizes. Edna foi a única que saiu de vez da cidade para abrir seu caminho na vida. Mas ela fez isso tão bem que acabou mudando a vida de todos nós que ficamos."

Mozart Antônio Honorato, 50 anos, irmão caçula

CAPÍTULO 2
Um negócio chamado consórcio

FUI PARA UBERABA NUMA SITUAÇÃO DIFÍCIL, POIS A escola era muito cara, e não tínhamos condições de pagar. Fui morar com primos que haviam perdido a mãe para um câncer devastador fazia pouco tempo. Meu tio não dava muito apoio para os filhos. Minhas primas eram muito carentes. A mais velha tinha a minha idade; a mais nova, dois ou três anos a menos. Havia também um primo, o caçula da turma. Meu tio deixava pouco dinheiro para comprarmos comida. Eu trabalhava como vendedora numa loja, mas ganhava pouco, isso quando recebia. Mesmo com o salário minguado, eu dava uma ajuda bastante necessária nas despesas de casa. Três meses após a morte de sua esposa, meu tio se juntou com outra mulher e foi-se embora de vez. Ele tinha umas fazendas em Goiás, e mudaram-se para lá, deixando-me com minhas primas. Foi muito desafiador enfrentar esse breve período. Mas, por outro lado, guardo lembranças muito ternas dessa convivência com as meninas.

Nesse período, tive contato com uma dessas igrejas evangélicas. Eu e meus primos íamos ao culto com uma vizinha. Até então, eu conhecia somente com o espiritismo e já começava a questionar o sentido da religião, pois sentia necessidade de mais respostas. Sempre fui muito questionadora, mas eu ainda era muito nova para compreender ou fazer escolhas. Apenas registrava aquelas impressões.

Continuar em Uberaba, pouco a pouco, foi se tornando um projeto inviável. Eu não conseguia estudar. Depois de uns três ou quatro meses, conversei com meus pais sobre as minhas dificuldades e pedi para ir para Uberlândia. Eles logo me apoiaram e eu até dei uma reclamada, pois até me senti um tantinho abandonada. Ir sozinha, aos 15 anos, não era fácil, levava-se quase o dia inteiro, com duas baldeações no caminho. Por fim, meus pais me levaram para a casa de Eva Gomes Martins, uma irmã de minha mãe que chamamos Titia Eva.

As coisas melhoraram muito. A família era bem estruturada e ambos trabalhavam, embora meu tio bebesse bastante. Minha tia era muito caprichosa com a casa e meu tio criava coelhos que fornecia para o Instituto Valley. Eu achava o máximo e sempre perguntava como aquilo funcionava. Durante um tempo, ambos trabalharam no Praia Clube de Uberlândia, da alta sociedade, e eu achava aquilo muito chique. Meu tio não tinha posses, mas era muito bem relacionado e me arrumou um emprego na feirinha do primeiro Pão de Açúcar aberto na cidade. Foi o emprego mais curto de minha vida. Após uns quatro dias, era o feriado da Páscoa e eu queria ir para Perdizes. Mal tinha começado a trabalhar e já queria pedir folga. Obviamente, não me deram. Passei a achar instantaneamente que esse negócio de medir arroz e açúcar não me levaria a lugar algum e pedi demissão.

Eu não era muito fácil. Sempre fui um tanto atacadinha. Em seguida, meu tio me indicou para trabalhar numa gráfica, a da Editora Zardo. Aí, sim, lá fiquei por um bom tempo. Aprendi muito com os dois sócios, senhores Maurício Bernardes e Roberto Zardo, ambos já maduros. Mal saída da roça, eu não desconhecia esse mundo, mas ficava encantada ao ver que, juntando letrinha por letrinha, era possível criar um clichê (página montada) e imprimir um jornal, um cartaz ou um pequeno folheto. Gutenberg, para mim, foi uma descoberta fascinante. Alguns anos depois, eles compraram uma máquina mais fantástica, offset, e aposentaram a linotipo e suas letrinhas de chumbo. Quando entrei na gráfica, eram três funcionários no escritório. Como logo eu me meti a fazer muita coisa, eles dispensaram os outros e fiquei só eu. Os dois proprietários eram muito bons para mim. O senhor Maurício me tratava como se eu fosse sua neta. O senhor Roberto, por sua vez, era mais sistemático.

Certa vez ocorreu um erro num trabalho, e o Roberto achou que eu fizera bobagem ao passar o material para a oficina. Eu fiquei indignada, porque aquilo não era verdade, e atirei a pasta com a ordem de serviço em direção a ele. Imagine! Ele era um senhor que deveria ter seus 60 anos e eu, uma pirralha de 16. Foi uma reação muito visceral. Eu assumo as minhas responsabilidades, mas não admito que me culpem por algo que não fiz. Disse-lhe que iria embora, que não trabalharia mais ali. Mas eles gostavam muito de mim e o próprio senhor Roberto foi em casa pedir para que eu voltasse. Aceitei o pedido de desculpas e trabalhei na gráfica por mais dois anos.

Detalhe. O senhor Roberto tinha um filho, o Américo, e eu acabei me tornando amiga de uma moça que gostava dele, a Rosana. Ela era um pouco mais velha que eu, já tinha carro, e sempre me levava para passear. Até a uma boate chique da cidade, a *Dancing Days*, ela me levou. Eu não entendia por que uma moça tão rica era minha amiga, mas acredito que era por causa do Américo, com quem ela acabou se casando. Com ela eu conheci o lado rico de Uberlândia e ela sempre me tratou muito bem.

Uberlândia foi uma escola valiosa. Eu queria muito fazer Medicina, mas meu pai não tinha condição alguma de pagar um curso. Eu tive de ir atrás, conseguir bolsas de estudo. Assim que cheguei, fui estudar num colégio estadual grande, o mesmo de meus primos. A gente andava um bocado de casa até lá, passando pela ponte sobre o rio Uberabinha. Logo no primeiro dia, eu me perdi dos meus primos. Fui andando para o lado errado e acabei no centro da cidade, às 11h da noite, sem dinheiro para voltar de ônibus. Mas dei um jeito.

Eu sempre encarei desafios desse tipo, nunca tive medo de me dirigir a desconhecidos para pedir informação. Jamais tive receio de ser abusada. A não ser uma vez, indo de Perdizes para Uberlândia. Naquela época havia poucos ônibus, e os horários eram muito incertos. Meu pai pediu para um caminhoneiro me dar carona. No início da viagem, eu logo percebi que a conversa daquele homem não era legal. Disse então a ele que iria ficar em Santa Juliana, distante 60 quilômetros de Perdizes, onde tinha amigos me esperando. Achei melhor inventar aquela desculpa, descer no meio da estrada e caminhar até a rodoviária de Santa Juliana, do que correr o risco de ter de enfrentar algo pior. Eu sempre soube me defender e, felizmente, nunca sofri nenhum tipo de abuso, talvez por antever a possibilidade de isso vir a acontecer.

Ainda estudando à noite, comecei a trabalhar na gráfica. Saía de casa às 6h da manhã e voltava quase à meia-noite. Meu tio tinha uma sorveteria pequena, que ficava na praça, perto da gráfica e do colégio. Era lá que eu fazia as minhas refeições e trocava de roupa para ir às aulas. Saí da gráfica quando consegui uma bolsa de estudos no colégio Galileu (que depois se tornou Objetivo). Fui fazer o terceiro colegial. Precisava estudar muito para ir bem nas provas e, assim, manter a bolsa. Fui então morar com minha irmã Hosana, que havia se casado com o João Bambu, o caminhoneiro, e montado um pensionato em Uberlândia. Meu cunhado viajava muito e minha irmã ficava em casa, sozinha.

Eu a ajudava e, assim, não precisava pagar pensão. Eu mesma a levei para dar à luz, assisti e ajudei o médico durante o seu parto. Eu fazia de tudo – e, mesmo sem entender, dava conta.

Um pequeno *flashback*. Lembro-me de quando o Bambu terminou o noivado com outra moça e começou a namorar a minha irmã. Eu já morava em Uberlândia, e a Hosana foi para São Paulo, trabalhar com uma senhora de Perdizes. Ela tinha um ateliê de alta-costura e morava num apartamento da rua Homem de Mello – curiosamente situada num bairro paulistano também chamado Perdizes. Aquilo, para mim, era a coisa mais chique desse mundo. Como João Bambu tinha muita dificuldade para ler e escrever, ele ia para Uberlândia para que eu escrevesse as cartas de namoro para ela. Ele ditava e eu passava para o papel. Mandar para São Paulo uma carta que eu mesma havia escrito era chique demais. Um dia, João Bambu me convidou para ir ao cinema assistir a *Igrejinha da Serra*, um drama romântico que fez sucesso à época. Nem eu nem o Bambu havíamos ido a um cinema, e fomos juntos pela primeira vez. 'Nossa, estou indo ao cinema com o namorado da minha irmã!' Eu fiquei preocupada, precisava contar para ela. Mas ele me tratava como uma menina. Eu era dois anos mais nova do que Hosana, mas sete a menos do que ele. Depois escrevi uma carta para ela, contando da minha alegria de ter ido pela primeira vez ao cinema em Uberlândia.

Fazer cursinho e prestar vestibular para Medicina era uma saga. Eu só poderia cursar se entrasse numa faculdade pública, e os vestibulares de todas essas universidades eram na mesma data, início de janeiro. Então, eu tinha de escolher: se fosse prestar em Uberlândia, não poderia prestar em Uberaba ou Ribeirão. Mas eu não fui aprovada, pois fiquei muito nervosa durante a prova. Os professores do Objetivo apostavam em mim. Todos aqueles que estudaram comigo conseguiram passar, menos eu. Eu ficava ansiosa nas semanas da prova, não dormia, nem conseguia comer, por causa da obrigação de passar no exame. Eu era bolsista e meu pai, com muito custo, pagava a diferença remanescente das mensalidades. Eu não podia comprar sequer um pão de queijo, pois não tinha dinheiro para absolutamente nada.

Meu pai, pessoa extremamente sábia, foi minha âncora nesse período conturbado. Ele tinha só o segundo ano primário, mas uma enorme sabedoria para conversar com qualquer pessoa. Ele nunca dizia "você vai fazer isso ou vai fazer aquilo". Apenas comentava: "Se você fizer isso, você tem a chance de que aconteça isso e isso. Se você escolher aquilo, pode acontecer isso e aquilo outro". Então, um dia eu disse a ele que estava pensando em prestar vestibular em Manaus. O número de candidatos por vaga era menor do que em Uberlândia e talvez eu tivesse melhor chance de ser aprovada.

— Manaus? Onde que fica isso, minha filha?

—No Amazonas. É muito longe — eu expliquei a ele.

Minha família estava morando na roça, na casa dos meus avós, que já haviam falecido. Mudamos enquanto estavam doentes, para poder cuidar melhor deles. Mas eu já estava fora, estudando. Então, naquele dia, meu pai conversou muito comigo e me disse que eu tinha o direito de escolher o que quisesse. Mas lembrou-me de que minha mãe não tinha muita saúde, pois contraíra a doença de Chagas, que ataca severamente o coração.

— Se você quer ir, tudo bem. Mas imagine se acontece alguma coisa com sua mãe e você nessa distância. Do jeito que você é apegada à família, não vai chegar a tempo para o velório.

Ele ainda teceu um comentário muito certeiro.

— Você é muito família — ele me disse. — Não sabe cobrar nada de ninguém, e médico não pode ser assim. É por isso que você não passa no vestibular, porque, como médica, você vai ajudar muitas pessoas, mas para ser boa, tem de cobrar caro. E você não vai ganhar dinheiro, pois as pessoas não vão te dar valor, já que você não sabe cobrar. Você é muito mais de doar do que de cobrar.

Essa conversa aconteceu junto à porteira da fazenda Macaúba. Depois dela, desisti da Medicina e voltei a trabalhar, pois precisava me sustentar. Arrumei emprego como caixa nas Lojas Americanas, uma novidade que parecia saída da ficção científica. Tinha até escada rolante. Não gostei muito de trabalhar lá, porque eles faziam revista na entrada e na saída, e eu achava aquilo muito ofensivo. Nunca fui sindicalista, mas sempre lutei para que os empregados tivessem voz e não fossem humilhados. Ali isso não era possível. Naquela época, meu sonho era trabalhar na CTBC, hoje grupo Algar Telecom. Eu via as telefonistas de saia azul-marinho e camisa branca, com um lencinho no pescoço, e achava a coisa mais linda desse mundo. Por que não fui trabalhar lá? Porque eu não passava no teste de datilografia, mesmo tendo feito o curso.

Um dia, apareceu na loja uma senhora toda maquiada e bem-vestida. Eu a atendi bem, e ela me perguntou se eu gostava de trabalhar ali. Respondi que não, pois eles revistavam a minha bolsa na saída e me tratavam mal. Ela me disse que havia gostado de mim e que estava precisando de uma pessoa para trabalhar com ela. Perguntou se eu sabia onde era o Consórcio Camargo Soares e pediu-me para estar lá na segunda-feira. Era final de ano, próximo ao Natal. Então, na segunda-feira, fui procurar a dona Gleydes de Castro (era esse o seu nome) e comecei a trabalhar no Consórcio Camargo Soares, como auxiliar de cobrança, em janeiro de 1980. Apaixonei-me à primeira vista pelo negócio de consórcio. Como é que alguém poderia ter inventado algo tão bom?

A primeira tarefa que me deram foi expedir uma carta de cobrança para consorciados que tivessem uma parcela em atraso e outra para os que tivessem duas. Recebi uma lista de 72 nomes. Na época, a Receita Federal só autorizava grupos de consórcios com até 36 meses de duração e cada grupo tinha o dobro disso de participantes, porque a cada mês eram contemplados dois consorciados – um por sorteio e outro por lance. Lembro-me bem: era o grupo 530, do Chevette. Como uma boa funcionária que estava começando a trabalhar, no fim do dia eu já tinha terminado. Alguns dias depois eu ouço a Gleydes dizer alto, na sala dela:

— A menina é nova, ela não sabia! Vocês não têm como desculpar?

Pronto! Só podia ser eu. Lá vem a demissão... Logo descobri que eu havia mandado uma carta de cobrança para a mulher do dono do consórcio, dona Eulália de Camargo Soares. Ela estava com duas parcelas em atraso, e eu mandei uma carta dizendo que o caso dela seria encaminhado para o departamento jurídico. O dono se chamava Welington de Camargo Soares. Eu até achei o nome parecido, mas não podia imaginar que a mulher do dono ficaria dois meses com as parcelas em atraso.

Graças à Gleydes, eu pude continuar lá e aprendi muito sobre consórcio. Mantive um relacionamento muito bom com as concessionárias e clientes. Além das cotas dos consórcios, eu também podia vender apólices de seguros ligadas a elas. Com isso, ganhei um bom dinheiro e fui crescendo profissionalmente. Aprendi muito com todos. Eu não sabia nada de inflação ou dos planos econômicos de governo. Mas nunca tive vergonha de perguntar para aprender. Eu sempre digo que é preciso estar aberto para aprender porque as pessoas e a Natureza têm sempre algo a nos ensinar. Eu nunca persegui o status, mas sempre dediquei o melhor de mim em tudo o que fazia.

Um belo dia, numa das assembleias mensais do consórcio, conheci um senhor muito distinto, que ficou conversando comigo. Naquela época, a Camargo Soares tinha uma parceria muito grande com o grupo ABC, e a gente fazia as assembleias de distribuição de bens – por lance e sorteio – nas concessionárias do grupo. Dias depois, esse senhor me procurou para dizer que o Grupo Algar estava montando o Consórcio ABC e que gostaria que eu fosse trabalhar lá. Imagine a minha alegria! Eu, que tinha sido reprovada no teste de datilografia, agora estava sendo convidada para trabalhar no Grupo Algar. Talvez até pudesse usar o uniforme das telefonistas. Pedi demissão, ouvi poucas e boas da Gleydes, e fui trabalhar com o senhor Gamaliel no Consórcio ABC.

Ao fim do primeiro mês, fui ao escritório da empresa fazer o meu registro. Conversei, fiz os testes e ouvi da dona Cleusa, a responsável pelo RH, que eu não havia passado na prova de datilografia e que, por isso, não poderia ser contratada. Aquelas teclinhas estavam virando um karma em minha vida. Eu disse a ela que não sabia o que iria fazer, pois o senhor Gama me tirara do emprego, eu já havia trabalhado um mês e precisava receber meu salário ou a dona Josina, a dona da pensão, me poria no olho da rua. Fui falar com o Gamaliel. Não sei o que eles fizeram, mas acabei contratada e ganhei o meu salário. Fiquei lá por quase cinco anos. Nesse período, colecionei muito aprendizado e boas histórias. Uma delas é a seguinte:

Naquele tempo, o cliente contemplado por sorteio tinha de estar com sua parcela paga até a data de vencimento e precisava comprovar isso enviando cópia do carnê pago. Um dia, eu peguei o processo de contemplação de um cliente que morava em Gurupi, município então pertencente ao estado de Goiás (hoje Tocantins). Ele havia sido sorteado no consórcio de uma caminhonete Chevrolet D-20. Resolvi confrontar a cópia do carnê que ele nos enviara com o borderô do banco e descobri que ele havia adulterado a data no comprovante de pagamento. O banco informava que ele tinha efetuado o pagamento da parcela somente depois de saber que fora sorteado. Liguei para ele e disse que havia uma divergência entre a cópia que ele nos enviara e os dados no banco. O homem ficou furioso e disse que sairia de Gurupi para Uberlândia. Eu disse que, se ele trouxesse o original comprovando o pagamento até a data do vencimento, eu liberaria o crédito para ele comprar a camionete.

Naquela época eu havia comprado o meu primeiro carro, um Fusca prata 1981. Maravilhoso! Mas eu não sabia dirigir e, por isso, pedi a uma amiga para trazer o carro da concessionária até a porta do escritório. Aí, eu liguei para a autoescola e pedi para ter aula naquele dia mesmo, pois queria levar o carro para casa. Foi como comecei a fazer as aulas. Apressada, mesmo sem carta, eu já ia de carro trabalhar para treinar ao volante. Num desses dias, aquele senhor de Gurupi apareceu no escritório, colocou um revólver sobre a minha mesa e disse que, na terra dele, as pessoas resolviam as coisas de um jeito diferente. Eu disse a ele que, como não sabia resolver daquele jeito, ia ligar para a polícia, que certamente saberia melhor do que eu. Ele guardou a arma numa pasta 007 e foi embora.

No final do expediente, voltando para casa no meu fusquinha, vi, pelo retrovisor, que ele, o sortudo de Gurupi, estava me seguindo. Dei umas voltas por ruas estreitas, até o despistar. Cheguei na pensão da dona Josina e pedi para que alguém guardasse o carro na garagem, pois eu ainda não sabia manobrar. No dia seguinte, fui a pé para o trabalho e, no final do expediente, fiquei desesperada, pois meu carro havia sumido, não estava na porta do escritório. Corri para casa e só então me dei conta de que não havia ido trabalhar com ele. O importante é que eu não entreguei a camionete para o moço de Gurupi e ele também não me ameaçou mais com o revólver. Do mesmo jeito que surgira, ele desapareceu de minha vida.

Os donos da pensão, dona Josina e seu Antonio Garapa, me paparicavam muito, me tratando como filha (ou mesmo neta). Como suas filhas já eram casadas, passei a ser uma companhia para a dona Josina, que adorava ir dançar nos bailinhos da terceira idade. O marido tinha muito ciúme dela e eu funcionava como um salvo-conduto. Chegamos a ir juntas ao Rio de Janeiro, numa excursão de idosos, e a vários bailes da terceira idade em Uberlândia. Era sempre muito divertido, pois eu acabava dançando com a velharada toda.

O senhor Gamaliel, meu novo chefe, era uma pessoa maravilhosa, um líder exemplar, com quem mantive uma convivência muito boa. Ocorre que, numa viagem a Itumbiara, o Gama e o gerente de vendas morreram num acidente rodoviário. A advogada do Grupo, Maria das Graças, me convocou para ir com ela reconhecer os corpos. Foi tudo muito triste, e agravado por uma questão que, até aquele momento, eu nunca havia enfrentado. Apesar de eu ser a pessoa que mais sabia de consórcio e que melhor conhecia os processos do consórcio ABC, eu não poderia assumir o cargo de gerente por ser mulher. No Grupo Algar, para ser gerente, uma mulher precisava ter 25 anos de casa ou ser parente de primeiro grau da família Alexandrino Garcia. Eu tinha só 25 anos de idade. Eles contrataram, então, o gerente de um banco, e eu tive de treiná-lo sobre consórcio, pois ele não conhecia praticamente nada da área. Foi a primeira vez que sofri discriminação por ser mulher, mas também nem liguei muito, pois ainda nem sabia muito bem o significado e o impacto dessas coisas em minha vida. Continuei trabalhando feliz da vida. Hoje eu luto para que a mulher tenha mais e mais espaço.

A segunda vez em que fui discriminada pelo fato de ser mulher foi até engraçada. Um dia, precisei contratar uma pessoa para a área de crédito. No processo seletivo apareceu um moço que desejava muito o posto. Ele se chamava Aguinaldo, mas gostava de ser chamado de Bakarov (não me perguntem o porquê!). Ele queria muito estudar Direito, mas tinha de trabalhar para conseguir dinheiro para, ao menos, ter um lugar morar. Nessa época, eu já estava bem, tinha meu salário e meu carro. Depois da entrevista, eu disse a ele que poderia começar. Ele então me perguntou quem iria ser seu chefe. Disse-lhe que era eu quem cuidava da área, que ele iria trabalhar comigo. Ele olhou bem para mim, numa daquelas medidas de alto a baixo, e disse que não viria, pois não aceitava ser chefiado por uma mulher. Respondi que, como eu não iria mudar de sexo e nem ele de opinião, a vaga não seria dele. Ele foi embora, murmurando. No dia seguinte, cheguei para trabalhar e o Aguinaldo estava lá, me esperando.

— Ué... O que você está fazendo aqui? Você não aceita mulher como chefe, acha que mulher é um ser desprezível.

Ele respondeu:

— Eu pensei bem, e você é muito especial. Eu não aceito qualquer uma, mas você eu aceito como chefe.

Ele trabalhou comigo e se tornou um ótimo profissional. Quando eu saí, ele assumiu meu lugar. Formou-se em Direito e tivemos um relacionamento muito bom. Aguinaldo me chamava de chefinha querida e sentia um ciúme incrível por minha causa. Uma vez, pedi a um supervisor da Volkswagen que desse uma carona para o Aguinaldo até Belo Horizonte. Ele era da concessionária em que eu levava o meu Fusca para fazer manutenção. Chamava-se Rogério Guelfe e arrastava uma tremenda asa por mim. Era véspera de feriado, e eu fui para a casa dos meus pais em Perdizes. Pois não é que, ao chegar à minha cidade natal, dei de cara com o Aguinaldo. Ele me disse que resolveu descer no trevo de Perdizes porque não aguentava mais o tanto de perguntas que o Rogério fazia a meu respeito. Ele me disse que não ia deixar a sua chefinha namorar aquele sujeito. Pode?

Como foi bom esse período! Eu era louca para ter um Escort. Um belo dia, consegui trocar o meu fusqueta por um Escort zerinho. Alegria total, mas eu ainda não tinha habilitação. Resolvi levar o carro para mostrar aos meus pais na roça. Comprei duas caixas de pintinhos para presentear o pai e fui. Era um feriado de 15 de agosto de 1986. Perto de Santa Juliana, já próximo de Perdizes, um policial rodoviário me parou na estrada. Eu sem carteira de habilitação, o carro sem placa e duas caixas de pintinhos no banco de trás. O guarda disse que teria de apreender o veículo. Eu não tinha como sair dali e perguntei se ele ia deixar morrer aqueles pintinhos todos dentro do carro. Após muita conversa, ele me deixou seguir. Pude, então, mostrar o meu carro novo para meus pais. Ver a filha chegar sozinha num Escort os deixou radiantes.

No início dos anos 1980, eu tive reuniões com gerentes da matriz, sediada em São Paulo. Era chiquérrimo falar com aquele povo paulistano cheio de autoridade. Eu ficava imaginando como seria o escritório na Faria Lima, com sei lá quantas salas. Quando vinha alguém de São Paulo visitar a filial de Uberlândia era um evento. A nossa era uma filial querida, pois tinha parceria com as concessionárias do Grupo CTBC – duas Chevrolet, uma Ford e outra Yamaha. O senhor Welington de Camargo Soares era amigo do senhor Alexandrino, do senhor Oswaldo Garcia e do senhor Agenor Garcia, que eram os donos do Grupo Algar e das concessionárias.

Um desses gerentes da Camargo Soares havia comprado uma administradora de consórcio numa pequena cidade chamada Monte Santo de Minas e levou outros dois com ele para dar continuidade ao negócio. À época, havia sérios problemas com as entregas dos carros. A pessoa contemplada num consórcio não recebia uma carta de crédito para comprar o carro que desejasse, como é hoje. O consórcio tinha de entregar o carro em até 30 dias da data da contemplação. E isso era um problema, porque depois dos planos Cruzado (que congelou preços e salários) e Cruzado II (que elevou o preço dos automóveis em 80%) era preciso pagar um ágio de até 100% para se comprar um carro zero.

Como eu tinha um bom relacionamento com muitas concessionárias de vários estados, pois o Consórcio ABC comprava muitos carros e pagava direitinho, eles me convidaram para ir a Monte Santo de Minas, para trabalhar no Consórcio Panorama. Eu era ainda um tanto inexperiente, não avaliava o porte da empresa que me procurava com uma oferta de emprego. Eu analisava a possibilidade de ganhar mais e acabei aceitando, pois a proposta era boa: um bom salário e hotel com roupa lavada. Sair do Consórcio ABC não foi fácil, pois eles se recusaram a aceitar o meu pedido de demissão.

Tive de me dirigir ao presidente do grupo ABC, o senhor Luís Alberto Garcia, e ele me ensinou uma coisa que serviu para a minha vida inteira. Ele me disse que não ia me pedir para ficar, apesar de a empresa precisar muito de mim. Mas que a gente só deve se arrepender do que fez, nunca do que não fez. E que, portanto, eu deveria aceitar a proposta.

— Vá e experimente — ele me disse. E logo complementou: — Sua vaga está garantida enquanto o grupo ABC existir.

Saí dessa conversa e fui para a casa da minha irmã Odete. Lá encontrei o meu pai, que me disse que eu não deveria sair. Era tarde, pois eu já havia pedido demissão. São as encruzilhadas da vida. Imagine sair de Uberlândia, que já devia ter 400 mil habitantes, para ir trabalhar em Monte Santo de Minas, com apenas 15 mil. Aos meus olhos, a cidade parecia ter muitos idosos. Minha mãe disse que, por isso mesmo, eu deveria morar lá, pois eu só gostava de velhos.

Decidi pela ida. Fui morar no único hotel da cidade, num quarto com uma cama de solteiro e guarda-roupa. Chuveiro só no banheiro comunitário. Nos finais de semana tínhamos de incursionar às cidades vizinhas, pois, naquele tempo, em Monte Santo, quase não havia restaurantes nesses dias. De fora, além de mim, trabalhavam a Elza, uma amiga de Uberlândia e outra que veio de São Paulo, a Neide. Tinha também o Geraldo, que trabalhava na agência fazendária de Monte Santo. Era um moço lindo, alto e de olhos verdes. Mas bebia um bocado. Mesmo assim, aproximamo-nos. Entre toda a turma, aparentemente só nós dois líamos a revista *Veja* na cidade. Só falávamos de livros e trocávamos ideias. Ele tinha uma noiva, e a gente conversava muito. Mas, quando ele bebia, a coisa pegava. Aquele moço lindo e culto perdia todo encanto e se tornava uma pessoa chata.

Eu ganhava bem, tinha o meu carro e sempre ia para a fazenda dos meus pais às sextas-feiras, depois do expediente. A adaptação em Monte Santo de Minas não foi muito fácil. Eu fugia muito aos padrões femininos da cidade: dirigia na estrada e morava sozinha. Além disso, fui me dando conta de que meus valores eram incompatíveis com certas práticas da empresa. As operações do Consórcio Panorama não eram muito transparentes e suscitavam dúvidas quanto à lisura. Trabalhei ali só um ano – o bastante para aprender que os meus valores são mais importantes do que qualquer dinheiro que uma empresa possa me pagar. Dei-me conta, então, de que a relação com os clientes tem de ser verdadeira e de que lá, por vezes, eu tivera de mentir. Foi a única empresa que me demitiu em toda a minha vida. Valor é valor! Para mim, vale o velho provérbio: "Ética é o que eu faço quando ninguém está me olhando".

" Gente ao meu redor

"Desde que nos casamos, meu marido Antônio, que todos chamavam de Tonho da Maria (pois ele sempre foi mesmo meu), dizia que queria ter 11 filhos para formar um time do futebol. Eu concordava, mas dizia que, então, teriam de ser 12, pois assim ele poderia montar o seu time – e pelo menos um deles ficaria comigo. Quase conseguimos formar um time misto. Mas tivemos de parar no nono, pois eu não pude mais engravidar. É que no parto da Janei, minha caçula mulher, fui diagnosticada com doença de Chagas. O médico me avisou, então, que eu não deveria mais ter filhos e me deu caixas de pílulas anticoncepcionais. Como eu queria chegar aos 12, não as tomei e engravidei novamente, dessa vez do meu caçula Mozart. Mas foi a última vez – e o time ficou incompleto.

> Mais tarde, Edna mudou-se de Perdizes e ficamos os dois muito divididos por dentro. Felizes, porque ela estava indo buscar a independência dela, como a gente sempre quis. E tristes, porque eu sabia que não a teria mais juntinho de mim, em casa. Essas horas são engraçadas. Fiquei orgulhosa da coragem de minha filha, ainda mais naquele tempo. Mas sofri. Filho é filho, e quando a Edna foi para Uberaba e, logo depois, Uberlândia, um pedaço do meu coração foi embora com ela. Meu Antônio se segurou com seu jeito. Ele sofreu em silêncio por um bom tempo. Mas sentia um orgulho muito maior ao ver a filha encarando a vida para construir o seu destino."

Maria Abadia Gomes Honorato, mãe

"A pedido de sua mãe (minha irmã) e de seu marido Antônio, Edna veio morar comigo em Uberlândia em 1975. Lembro-me de que foi pouco tempo após o seu baile de debutante em Perdizes. Ela tinha, portanto, 16 anos recém-completos. Durante esse ano em que vivemos juntas (ela, eu e minha filha Vilma), Edna fazia cursinho para prestar Medicina à noite e, durante o dia, trabalhava

> na tipografia da Editora Zardo. Ela estudou bastante, mas o trabalho acabou falando mais alto e ela se mudou para outra empresa. Vivia o dia inteiro ocupada. Ela nunca me deu trabalho algum. Pelo contrário. Sua presença iluminou bastante esse ano de minha vida. No ano seguinte, ela foi morar com a Hosana, sua irmã, que vivia ao lado da fábrica das balas Chita."

Eva Gomes Martins, 81 anos, a Titia Eva

"Lembro-me com nitidez e muita saudade da passagem da prima Edna por minha casa. Era uma figura supertrabalhadora, mas também muito divertida. Gostava de festas e de gente. Nos fins de semana íamos à fazenda Macaúba, de seus pais, em Perdizes. Nessas ocasiões, nós duas fazíamos maionese (tremenda novidade, trazida por ela) com o liquidificador que eu pedia emprestado a uma vizinha. Anos mais tarde, quando me casei e ela foi minha madrinha, ganhei um liquidificador todo cheio dos truques. Edna era muito divertida e ligada às pessoas, em especial à minha mãe. Até hoje dou risada ao me lembrar de uma noite na fazenda em Perdizes em que ela cantou *Maria*

"Bonita na janela do quarto em que minha mãe dormia. Vi, também, ela tomar o seu primeiro pilequinho, com meus irmãos, numa festa na chácara dos donos da Editora Zardo. Ela tentou disfarçar, mas ficou bem engraçada."

Vilma Gomes, 55 anos, filha de Titia Eva

"Quando eu e o João Bambu finalmente nos casamos, fomos viver em Uberlândia e Edna veio morar com a gente. Passamos dois anos juntas. Ela começou a trabalhar – primeiro numa gráfica e, pouco tempo depois, no Consórcio ABC. Quando ganhei meu primeiro filho, o Leandro (hoje com 40 anos), foi ela quem me levou à maternidade e ficou comigo durante o parto. Edna ajudou muito nossa família a vida inteira, e não apenas depois que encontrou o sucesso profissional. Era raro o problema enfrentado por um dos seus oito irmãos, 16 sobrinhos e oito sobrinhos-netos em que ela não intercedesse favoravelmente de alguma maneira."

**Hosana Maria Honorato Pereira,
64 anos, irmã mais velha**

"Tia Edna sempre foi uma pessoa muito presente em minha vida. Mudei-me para Uberlândia com seis meses de idade. Cinco anos mais tarde, quando ela veio morar conosco, segurou muito a minha barra. Quando meus pais brigaram e pretendiam se separar, Edna intercedeu a meu favor e de meus irmãos Rafael e Marcela. Edna lembrou-os de seu amor pelos filhos e da importância de seguirem juntos por nossa causa. Pois bem! Eles estão juntos até hoje. Sua partida nos entristeceu. Mas Edna mantém as suas raízes. Quando está presente, ela reúne todos os que se dispersaram um pouco por causa da morte de meu avô. Como presente de meus 15 anos, fui convidada para ser a madrinha do Neto, seu único filho. Fiquei com as pernas bambas. Hoje, quando o Neto, já um homem, conversa comigo, eu vejo que aquela criança que ele foi um dia ainda está lá, intacta."

Ana Cristina Borges, 45 anos, sobrinha, filha da irmã Odete

"Quando se aproximava o período da Páscoa, a molecada em Perdizes ficava em polvorosa, pois sabíamos que tia Edna iria chegar com um monte de ovos para distribuir entre a 'sobrinhada'. Ela é assim. Nunca mediu esforços para ver a alegria no rosto das pessoas que ama. Devo muito de meu próprio sorriso a ela. Essa presença dela em nossas vidas se manteve inalterada. Quando, anos mais tarde, nasceu minha filha Helena, hoje com quatro anos, eu a convidei para participar da cerimônia do batizado. Ela deu uma palestra bem bacana. Espero que ela possa estar presente também no batizado de Ana Luiza, minha segunda filha que está a caminho."

Leandro Honorato Pereira, 41 anos, sobrinho, filho de Hosana

"Edna veio para Uberlândia quando eu havia acabado de abrir um pensionato para quatro alunas. Meu marido tinha fazenda em Goiás e ficava muito tempo longe de casa. Assim eu poderia ter um dinheirinho extra e alguma companhia durante as viagens dele. As primeiras moradoras foram a Edna, a Maria Inês, a Eva e uma quarta garota cujo nome não consigo recordar por causa de minha idade. Edna, para mim, é uma peona! Sempre foi "uma pessoa alegre e determinada. Ela entrou para minha família como uma filha e não precisou bater na porta, pois já estava dentro. Ela morou comigo por quase 10 anos, numa casa que ela adorava. Era térrea, com quatro quartos, varandinha e um pouco afastada da calçada. Rua Tapuirama, 371. Ela está lá até hoje, próxima ao então supermercado Superbom. Hoje há muitos prédios altos no bairro, mas a casinha segue no mesmo lugar. Conversávamos, ríamos e fazíamos muita fofoca. Edna não era namoradeira. Era muito comportada e adorava trabalhar e estudar. Acho maravilhoso que ela me considere uma mãe. Sinto-me muito merecida, pois, no meu coração, ela também sempre foi minha filha. Edna logo começou a trabalhar. Não demorou quase nada e me disseram que ela havia se tornado uma gerente. Eu tinha certeza de que iria acontecer alguma coisa desse tipo."

Josina Viera Batista, 91 anos, a dona Josina, 'mãe adotiva'

"Nessa época eu trabalhava e cuidava da minha filha. Por isso, só via Edna aos finais de semana. Foi uma tristeza muito grande quando ela foi embora. Ficamos todos torcendo por sua boa sorte. Sempre que ela vinha a Uberlândia era uma festa. A gente se reunia, com muitas saudades, para saber como ela estava. Várias vezes ela me fez prometer que eu sempre levaria minha mãe ao seu sítio – ou onde ela estivesse. Essa promessa eu sempre atendi com um prazer de quem vai visitar uma irmã. Também postiça; mas irmã."

**Lúcia Maria José, 69 anos,
costureira, filha da Josina**

"Quando eu ainda morava na fazenda, tia Edna ia quase todos os fins de semana para Perdizes. Eu era bem pequena, mas me lembro de que ela eletrizava o ambiente com a sua chegada, humor, presentes e novidades. Sempre foi aquela tia que tentava administrar cada afeto com enorme carinho. Mesmo não estando presente, ela sempre procurava ajudar quando alguém tinha algum problema. Com tanta gente em sua vida, quase sempre havia alguém precisando de uma força."

**Maria Teresa Honorato, 18 anos,
sobrinha, filha do Mozart**

"Quando nasci, tia Edna já morava em Uberlândia. Vivia numa república e queria fazer Medicina. Como trabalhava, porém, não seguiu esse caminho. Todos dizem que sou a sobrinha mais parecida com ela. É verdade, e não apenas fisicamente. Tenho também o temperamento semelhante ao dela. Ela foi a primeira mulher que eu vi desbravar o mundo masculino. Por causa da luz que ela irradia à sua volta, conquistou tudo e tanta gente sem abrir mão de seus valores. Samuel, meu filho de seis anos, é a paixão da vida dela. Ele é louco pela Edna. Convive mais com a tia do que com os próprios avós."

Marcela Domiciana Barros, 43 anos, sobrinha, filha da irmã Odete

CAPÍTULO 3
A arte mineira de lidar com gente

DESDE OS TEMPOS DA CAMARGO SOARES, EU TENHO UMA amiga chamada Elza. Ela é uns oito ou dez anos mais velha do que eu, e nossa amizade sempre foi tão intensa que, certa vez, quando foi comprar uma casa para ela e os filhos, num bairro novo em Uberlândia, seu cadastro não foi aprovado e eu, para ajudá-la, adquiri a casa no meu nome, sabendo que, se Elza não pagasse as prestações, eu teria de pagá-las. Mas ela quitou tudo direitinho e eu passei o imóvel para o nome dela. Somos amigas até hoje e seus filhos me chamam de tia. No dia 25 de abril de 1987, eu e Elza resolvemos morar juntas e nos mudamos para um sobrado em Monte Santo de Minas. A mudança nos ocupou o dia inteiro e, às

7h da noite, a Elza foi se encontrar com uns amigos para tomar uma cerveja num barzinho. Eu fiquei em casa trancada, pois ela levara a chave.

Alguém tocou a campainha, e fui ver na janela. Era o Geraldo, o bonitão, com um amigo; por sinal, também muito simpático. Geraldo não estava bêbado e insistia que queria entrar, mas não tinha como. Disse que trouxera o amigo para me conhecer e para me convidar para irmos a uma festa agropecuária em Guaxupé. Eu estava cansada da mudança, mas ele insistia, porque era aniversário do tal amigo, queria que eu fosse comemorar com eles. Mas eu não quis e ficamos conversando; eu na janela e os dois na calçada. O amigo dele estava com uma Parati, e eu logo perguntei se ele era casado porque aquele era um carro de família. Ele me disse que não, que a perua era usada para o trabalho na Stockler, uma cafeeira que exportava café, e que ele tinha também uma floricultura. Eu perguntei como ele tinha coragem de carregar café e flores naquele carro. Nisso, a Elza chegou e nós fomos para a festa de Guaxupé. Lá ele ficou de papo comigo, mas eu não estava a fim de muita conversa porque sua história me despertara uma certa desconfiança. Ele era muito agradável, já havia morado em São Paulo e era espírita.

Eu e a Elza havíamos combinado de fazer um almoço no dia seguinte lá em casa e o Geraldo me perguntou se eu ia convidar o seu tal amigo. Eu disse que não, mas que ele podia convidar se quisesse. Falei ali, na lata, e o Geraldo até me recriminou por isso, mas eu disse que estava sendo direta como sempre fui. O moço, meio sem graça, mas todo solícito, disse que poderia ajudar a fazer o almoço. No dia seguinte, estou lá fazendo o almoço e chegam o Geraldo e o tal amigo. Seu nome era Marcos Piccinini. Ele levou um menino de três anos, que era seu filho. Como a criança não queria comer, fui tentar dar a comida para ela na sala quando escutei uns berros lá fora. Era a mãe do menino, ex-namorada do Marcos. Ela fez um escândalo para a vizinhança escutar e não deixou o menino, chamado Marcos Augusto, acabar de comer e o levou embora. O Marcos foi atrás e, depois, voltou.

Almoçamos, o Geraldo foi embora, a Elza foi dormir e o Marcos nada de sair da mesa. Ficamos bem amigos. Marcos era uma pessoa fantástica. Apresentou-me ao centro espírita da cidade, e a gente ficou naquela, entre namoro e amizade. Mas a sua ex-namorada não me dava um pingo de sossego. Eles tinham dois filhos, o Marcos Augusto, de três anos, e a Janaína, ainda uma bebê. O Marcos me apresentou às crianças, que gostaram muito de mim. Apresentou-me também para a sua família. Sua mãe, dona Tercília, que já era viúva e uma renomada professora de Matemática, havia sido diretora de escola em Monte Santo. Ela me acolheu muito bem, até porque talvez eu fosse a tábua de salvação capaz de tirar o seu filho do convívio conturbado com a ex. O relacionamento entre elas não era nada pacífico.

Dali em diante eu fiquei muito amiga do Marcos. Estávamos sempre juntos, pois ele era uma pessoa culta, alguém com quem eu podia conversar e aprender. Como ele era espírita, acabou me levando a algumas reuniões na Casa do Caminho e no Lar de Crianças Allan Kardec. Eu comecei a me interessar, a participar de evangelizações, a ler mais sobre o espiritismo. Comecei a estudar as obras de Kardec, Chico Xavier, Divaldo Franco, Zíbia Gasparetto e outros. Foi então que comecei a encontrar respostas para as minhas angústias e meus questionamentos. Entendi que o espiritismo não era apenas uma religião, mas sim um vasto território de estudos de natureza moral e ética. A partir daí, me firmei na doutrina espírita. Depois, ainda estudei o hinduísmo e o budismo. Uma certeza foi se desenhando na minha cabeça. Independentemente de questões como o amor incondicional e a vida eterna, a única pessoa responsável pelos meus atos sou eu. Eu tenho o livre-arbítrio para fazer as minhas escolhas, mas também sou a responsável pelos resultados. Eram as lições de meu pai se confirmando na prática. Para mim, isso foi um marco.

Aos sábados, Marcos e eu fazíamos a sopa na Casa do Caminho. Com outras amigas, eu participava da Campanha da Fraternidade Auta de Souza, montando as cestas básicas ou as cestas de Natal. Tudo isso conferiu um novo sentido à minha vida. Após conhecer o Lar das Crianças, trabalhei como voluntária para auxiliar a dona Nenê. Era uma pessoa admirável. Ela administrava a casa, que abrigava por vezes 60 ou 70 crianças órfãs. Lembro-me de uma vez em que a casa havia já recebido uma doação de cerâmicas de Porto Ferreira. A prefeitura de Monte Santo de Minas cedeu um caminhão para o transporte, mas sem motorista. Eu, apesar de ter habilitação somente para carros de passeio, peguei o caminhão e fui dirigindo com dona Nenê e mais dois ajudantes para trazer a doação.

No começo de 1988, o Marcos me convidou para ir com ele e uns amigos ao Paraguai. No hotel de Foz de Iguaçu, eu fiquei num quarto, ele e os amigos, em outro. À noite, saímos para jantar e depois eu e ele ficamos no meu quarto para assistir a um filme. Caímos no sono e só acordamos no dia seguinte. Claro que, para os amigos, nós tínhamos passado a noite juntos. Quando voltamos para Monte Santo, resolvemos que poderíamos tentar um namoro. Aí é que a antiga namorada do Marcos infernizou nossa vida de vez. Não deixava mais as crianças verem o pai. Era aquele pacote completo de ex-mulher ofendida. Isso também pesou na minha decisão de me mudar para Belo Horizonte.

A capital mineira, de certa forma, foi para mim a realização de um sonho. Não há mineiro que, no fundinho da alma, não almeje um dia conquistá-la. Eu já conhecia uma funcionária da filial de Belo Horizonte, do tempo em que havia trabalhado no Consórcio ABC, e, sempre que ia para lá, ficava na casa da mãe dela, a dona Ladir, de quem me tornei muito amiga. Fiquei uns dias na casa dela e arrumei trabalho na Mila Consórcio, das concessionárias Volkswagen de Belo Horizonte.

Fiquei em BH por um ano. Fui por indicação de um advogado que havia conhecido em Monte Santo de Minas e que dava consultoria para as administradoras de consórcio. Na Mila, eu fui muito bem recebida e me lembro de ter resolvido a questão de um consorciado que estava inadimplente, para alívio de ambos os lados. Como prêmio, a empresa me deu uma passagem aérea para São Paulo. Foi a primeira vez que viajei de avião. Foi uma coincidência muito feliz, pois nós havíamos conseguido uma casa, em Santos, que recebia crianças carentes. Pudemos, então, levar todos os internos do Lar das Crianças Allan Kardec para conhecer o mar. Foi uma experiência de arrepiar o coração. Eu fui de avião, desci de São Paulo para Santos e levamos umas 50 crianças e alguns funcionários do Lar que sequer imaginavam que um dia pudessem colocar os pés na areia e molhá-los nas ondas. Foi um final de semana maravilhoso.

Apesar de ter ficado somente um ano em Belo Horizonte, consegui dar sequência aos meus estudos espíritas. Além disso, aos poucos, uma grande mudança, radical mesmo, começou a se desenhar em minha vida. O Breno, aquele advogado que havia me indicado para trabalhar lá, me aconselhou a aproveitar o momento para abrir uma administradora de consórcio, já que estava bem mais fácil se obter a autorização do governo federal, talvez porque iam mudar essa competência da Receita Federal para o Banco Central. Eu até ri, pois não tinha como fazer isso. Só possuía um terreno em Uberlândia, um telefone e um carro. Breno disse que eu não gastaria muito. Aí eu conversei com o Marcos, que na época tinha uma transportadora e um patrimônio bem maior que o meu. Ele disse que topava ser meu sócio.

Nesse ínterim, tive um sério contratempo. Fui acompanhar a internação e a cirurgia de minha mãe em Uberaba, para a colocação de um marca--passo. Ela havia passado muito mal na roça, devido às complicações decorrentes da doença de Chagas. Por ocasião do parto da Janei, minha irmã caçula, ela quase morreu. Ficou muito fraca e com os batimentos cardíacos muito baixos. Dona Maria, no entanto, era forte e sobreviveu ao baque.

Animada pela sugestão do advogado Breno, em 1989 pedi demissão da Mila, voltei para Monte Santo de Minas e dei entrada, na Receita Federal, no pedido de autorização do Consórcio Alvorada, com o cadastro do Marcos. A sociedade era 50% para cada um. A autorização não tinha nada de fácil. Eu fui a Brasília tentar desenrolar o processo. Descobri onde ele estava, vasculhando numa pilha de papéis na repartição, e acabei indo parar no Ministério da Fazenda, para falar com um assessor da ministra Zélia. Ele até me chamou de Tieta de Minas, de tão determinada eu me mostrara para conseguir o que queria.

De volta a Monte Santo de Minas, continuei o meu trabalho como voluntária no Lar das Crianças da tia Nenê e a minha amizade com ela foi ficando cada vez mais forte. Fomos vizinhas de muro, conversávamos muito, chegamos a virar uma noite com ela me contando sua história de vida belíssima. Casada com um mestre de obras que se tornou empresário de construções, ela foi milionária em São Paulo. Mas seus dois filhos se suicidaram. Assumir o lar das crianças foi um renascimento para ela. Tenho até hoje um carinho muito forte por sua figura materna, que sempre me tratou como filha.

Depois de um ano de batalha, o Consórcio Alvorada começou a funcionar em Monte Santo de Minas. Montamos grupos de eletrodomésticos e de pneus porque, à época, não tínhamos capital para abrir grupos de imóveis, automóveis ou motocicletas. Como o Marcos era dono de uma transportadora, ele tinha bom relacionamento com caminhoneiros e com as lojas de pneus. Foi assim que começamos a operação. Toda segunda-feira pela manhã, eu me reunia com os colaboradores. Sempre fazia uma oração, conversava com todos, líamos as instruções normativas e a legislação que regia os consórcios. Hoje, no Magazine Luiza, toda segunda-feira nós também realizamos o Rito de

Comunhão, como eu já fazia na minha primeira empresa. Só que, nessa nova versão, não cantávamos os hinos Nacional e da empresa. Esse ritual me acompanhou ao longo de toda a minha trajetória profissional. É como se eu tivesse no meu DNA essa cultura de trazer a equipe comigo, de treiná-la, de reafirmar permanentemente uma comunhão de valores com todos. Comecei a perceber com clareza a missão e funções de um líder nas organizações. Para mim, começou a ficar cada vez mais nítido que um líder é altamente responsável pela criação de um ambiente de trabalho diferenciado, coeso e acolhedor. Mais importante ainda, dei-me conta de como é feito isso. É sempre por meio de exemplos e atitudes que inspirem e norteiem os demais níveis da organização. Quem quer liderar, tem de liderar para todos. Essa intuição foi a semente de meu desenvolvimento pessoal e para que, mais adiante, o Consórcio Magalu passasse a figurar entre os excelentes lugares para se trabalhar no Brasil, segundo o ranking meticuloso e conceituadíssimo da consultoria Great Place to Work, um marco em minha trajetória, do qual voltarei a falar mais adiante.

"
Gente ao meu redor

"Por causa da doença de Chagas e de uma arritmia que abalaram muito o meu coração, tive de colocar um marca-passo. Eu sentia tanta falta de ar, que tinha de dormir sentada na cama, apoiada por travesseiros. Quando andava, depois de alguns passos, eu já perdia o fôlego. Minha pressão arterial baixou para 6 por 3. Eu estava mesmo era com o pé na cova. Como não tinha condições de pagar por uma operação desse porte, Edna imediatamente cuidou de tudo isso. Fui internada em Uberaba e realizei a cirurgia no dia 12 de junho de 1989. Ela foi feita pelo doutor Aldo Aler. Eu notava, pelo jeitão dos médicos e enfermeiras, que meu estado era bastante grave. Fiquei de molho no hospital por 18 dias. Graças a Deus, me recuperei totalmente. Na verdade, fiquei muito mais

" saudável do que era antes. Foi um alívio maravilhoso em minha vida. Quem tem esse problema, sabe muito bem a bênção que recebi. Eu praticamente renasci naquela cirurgia."

Maria Abadia Gomes Honorato, mãe

"Eu já trabalhava no Consórcio Camargo Soares quando Edna, recém-chegada de Perdizes, procurava um emprego. Conseguiu! Permanecemos juntas durante cerca de três anos, até que eu fui contratada pelo Consórcio ABC, do grupo Algar, também de Uberlândia. Não demorou muito, e voltamos a fazer nossa dobradinha, agora no ABC. Eu na cobrança e Edna no cadastro. Dividimos essa rotina por quase dois anos – até que eu, que sou muito 'macaco pula-galhos', me transferi para outro consórcio, o Panorama, cuja sede fica em Monte Santo de Minas. Pode parecer brincadeira, mas nossa dobradinha repetiu-se outra vez. A Edna foi convidada novamente para o setor de cadastro e mudou-se para Monte Santo, onde eu já vivia. Ela foi morar num hotel e, depois de um tempo, decidimos dividir um apartamento que ficava sobre um comércio, em um sobrado. Após dois anos, ela decidiu mudar-se para Belo Horizonte. Ficou menos de um ano por lá. Mas "regressou com uma tremenda novidade. Mesmo naquela época difícil para nossa atividade, ela decidiu abrir a sua própria administradora de consórcio. Dessa vez, foi ela quem me chamou para integrar a equipe. Desbravamos juntas o complicado processo de autorização para as operações dessa administradora, o que exigiu muitas viagens nossas a Brasília. Foi uma batalha! Graças a Deus, vitoriosa. Ali surgiu a Alvorada Administradora de Consórcios Ltda."

Elza Coelho de Jesus, 67 anos, amiga

"Em 1987, Edna se mudou para Monte Santo, onde eu vivia. Ela era do Consórcio Panorama, em que, no ano seguinte, eu também fui trabalhar. Quando Edna chegou à cidade, que era e ainda é bem pequena, virou alvo de admiração. Ela era uma figura vistosa, conversadora e cativante. Era diferente em quase tudo do povo de Monte Santo: jeito, roupas, conversas, sotaque... Ela era uma atração. Quando ela montou o Consórcio Alvorada, em sociedade com o Marcos, me convidou para a sua equipe. Eles já namoravam. Eu e uma outra moça, a Regininha, éramos auxiliares de escritório. Foi quando Edna engravidou e o relacionamento entre ela e o Marcos desandou.

> Desfizeram a sociedade e ela vendeu sua parte para um casal de empresários de São Sebastião do Paraíso. Ela precisou se mudar e eu, uma menina de 19 anos, fui com ela para a cidade, praticamente vizinha. Morávamos juntas. Ela era a pessoa mais 'pra frente' da época. Ensinou-me várias coisas. A dirigir, por exemplo."
>
> **Divina Ferreira dos Santos, 51 anos, amiga e ex-funcionária**

"Também sou de Monte Santo. Um dia, fiz cadastro para trabalhar no Consórcio Alvorada, que acabara de ser criado, e fui selecionada para o departamento de expedição. Na verdade, éramos apenas duas funcionárias: eu e a Divina. Aliás, a Regininha e a Divininha. Depois que Edna desfez a sociedade com o Marcos, foi para São Sebastião do Paraíso. A Divina a acompanhou no Consórcio Alvorada. Eu fui para São Paulo e fiz minha carreira em um cartório. Naquele tempo, Edna ainda estava se construindo profissionalmente, mas não passava essa impressão. Quem a conhecia a considerava uma craque em consórcios. Ela não titubeia. Quando pega uma tarefa ou desafio, simplesmente os descasca. Além disso, tem um modo muito doce de lidar com as pessoas. Em "duas situações, quando perdi o meu pai e desfiz o meu noivado, Edna me deu uma força enorme. 'Tudo vai passar', ela vivia me repetindo. E, realmente, tudo passou. Hoje nos vemos pouco, mas conversamos muito por telefone."

Regina Moreira de Souza, 54 anos, a Regininha, amiga e ex-funcionária

"Eu era um bebê de dois anos quando Edna e meu pai se conheceram. Algumas vezes, eu ia visitar o meu pai em Monte Santo e, mais tarde, em Franca. Ele também vinha me ver em Passos de Minas, onde eu vivia. Minhas lembranças mais remotas dela são duas. A primeira é a de irmos de carro para Monte Santo ou Franca com o Neto, meu meio-irmão, ajeitado ao meu lado, no banco de trás. A segunda, mais à frente, era a de esperar que ela, que trabalhava muito, chegasse em casa. Lembro-me também de ela me levando à natação. Até onde consigo enxergar no passado, Edna sempre foi amorosa comigo. Nada a diferenciava de uma mãe."

Marcos Augusto Piccinini, 36 anos, filho do Marcos

"Minha irmã Cássia é casada com o Mario, irmão do Marcos. Ela, portanto, é concunhada da Edna. Mas eu a conheci antes de todos eles. Sou de Monte Santo e trabalhava no banco Itaú. Sua empresa, a Consórcio Alvorada, era nossa cliente, e eu a atendia. De boleto em boleto, começamos a construir uma amizade. Após alguns anos, Edna conheceu o Marcos. Cássia, minha irmã, já namorava o Mario, que, por sua vez, trabalhava com o irmão. Ainda era uma relação profissional, mas eu pude perceber que essa relação ainda daria pano para manga. Não deu outra! Esse encontro foi um risco no chão, que mudou por completo a vida dos dois."

Virginia Marta Silva, 62, amiga

"Sou concunhada da Edna, casada com o Mario, irmão do Marcos. Naquele tempo, a gente se conhecia de se ver, de se encontrar na rua. Edna e Marcos se toparam numa festa através do Geraldo, amigão dela. Ela ficou encantada pelo Marcos desde o primeiro instante, embora nem sempre admita isso. Foi ele quem mostrou a ela, com solidez, os caminhos do espiritismo. No começo, eles tiveram um namorico. Marcos já tinha um casal de filhos, o Marcos Augusto e a Janaína, ambos ainda crianças, e uma coleção de namoradas pelo

> caminho. Era um bon vivant. Não foi à toa que recebeu o apelido de tio Bacco. A relação dos dois era um tanto tumultuada. Acabaram terminando, e Marcos casou-se com uma mulher de uma família tradicional, uns 15 anos mais velha que ele. Não durou quase nada. Em menos de dois meses se separaram. Marcos ainda era muito irrequieto. Mas a chegada de Edna em sua vida mudaria tudo isso."

Cássia Pereira Silva Piccinini, 57 anos, casada com Mario Piccinini, irmão do Marcos

"Meu irmão Marcos teve uma vida complicada. A chegada da Edna foi um divisor de água – um elemento altamente estabilizador, que mudou por completo a sua visão das pessoas e das relações. Ele já tinha tido dois filhos com sua ex-mulher, mas nunca havia vivenciado plenamente o vínculo da paternidade.

Quando Edna teve o Neto, porém, assim que o conheceu, algum tempo após o parto, ele me disse: "Quando vi o menino me chamar de papai, fiquei maravilhado e me senti na obrigação de assumir a paternidade e de mudar radicalmente o meu modo de vida". Foi quando ele parou de dar cabeçadas.

> Por ocasião da morte de Janaína, aos 17 anos, eles já estavam juntos e em paz. Nesse período turbulento, a presença de Edna e a doutrina espírita, que ambos seguiam, foram fundamentais para que ele pudesse lidar com a dor. O projeto de criar a Amarja, centro de reabilitação de dependentes químicos, um grande desejo da filha, o estimulou bastante a tocar a vida adiante.
> Ele gostava muito de presenteá-la com plantas. Eram flores que ele plantava no vaso ou árvores pelo sítio. Desde criança ele tinha esse hábito. Ainda menino, plantava uns mini-cactus em tampinhas de tubos de pasta de dentes."
>
> **José Ângelo Piccinini, 61 anos,**
> **irmão de Marcos e cunhado de Edna**

"Com seus nove irmãos, a família de minha mãe é muito grande. Seu berço é Perdizes, mas muitos tios e sobrinhos moraram em outras cidades em busca de novas oportunidades. Outros regressaram a Perdizes. Eu fiz um caminho diverso. Nasci em Uberlândia e, só muitos anos mais tarde, voltei para a nossa cidade natal. Foi por intermédio de tia Edna que conheci Jaqueline, minha mulher. Ela morava em Franca e sua mãe, Joana, era vizinha da tia Edna. Conhecemo-nos em 1998, numa "vinda dela a Perdizes. Namoramos três anos e meio, e, então, ficamos grávidos. Casamos e nos mudamos para Uberlândia, onde nasceu o Pedro, em 2002. Ficamos três anos lá e seguimos para Franca. Edna nos abrigou numa casa e, assim que Maria Eduarda, nossa segunda filha, nasceu, em 2005, regressamos para Uberlândia. Foi quando Jacqueline começou a trabalhar com depilação e sobrancelhas, e criou uma boa clientela. Começamos, então, a planejar nossa volta a Perdizes. Passei a trabalhar na Click Telecom, uma operadora de internet. Em 2010, já bem estáveis, regressamos ao ninho da família. Atualmente, eu administro as fazendas do grupo pela região. Jacqueline tem vários clientes e cuida da depilação de Edna quando ela está por aqui. Tenho o privilégio de encontrar meus parentes na rua todos os dias. Perdizes é a nossa família aumentada – e tia Edna tem tudo a ver com isso."

Rafael Honorato Borges, 39 anos, sobrinho, filho da irmã Odete

CAPÍTULO 4
Maternidade atribulada

NEM TUDO, OBVIAMENTE, FORAM FLORES. QUANDO Fernando Collor de Mello assumiu a Presidência, confiscou o dinheiro da poupança e os ativos dos grupos de consórcio. Todas as empresas do segmento enfrentaram grandes dificuldades e suspenderam a entrega de bens. Eu quis ser correta com os nossos consorciados e entregar os bens aos contemplados. Mas o Marcos não concordava, pois era ele quem tinha dinheiro e bancava nossa empresa, que ainda não dava retorno. Nós brigamos, e eu disse para ele me vender a parte dele na sociedade. Como quase nenhuma grande mudança na vida vem sozinha, em meio a essa confusão desafiadora, me vi diante de uma notícia que sacudiu todos os pilares da minha alma. Eu estava grávida.

O meu sonho sempre fora ter um filho. A maternidade, para mim, era algo sagrado. Eu sempre disse aos meus pais e à minha família que eu teria um filho até os 31 anos de idade, mesmo que não estivesse casada. Eu estava muito feliz pela gravidez, mas, ao mesmo tempo, numa situação profissional e financeira muito complicada. Além disso, o meu relacionamento com o Marcos andava muito esgarçado. E ficou ainda pior quando, numa conversa, ele me disse:

— Então agora vamos ter de nos casar.

Essas palavras, para mim, foram uma ofensa. Eu disse não. Que nunca iria me casar só porque estava grávida. Se eu tivesse de me casar um dia, seria porque o meu companheiro gostava de mim – e que, se até aquele dia ele não havia me pedido em casamento, não seria pelo filho que eu iria aceitar. Disse-lhe que eu poderia muito bem criar sozinha o nosso filho, pois sabia trabalhar. Nossos desentendimentos, que já não eram poucos, se complicaram ainda mais. Marcos acabou se afastando e, por fim, nós terminamos o relacionamento. Nessa época, fui alvo de uma atenção muito grande, tanto por parte da mãe dele quanto da minha família. Marcos acompanhou a gravidez meio a distância e, para completar, pouco depois acabou se envolvendo com outra mulher.

Eu fui uma grávida magra – embora sonhasse ser uma cheinha. De todo modo, nunca me senti tão feliz em minha vida. Quando fui para a casa dos meus pais e contei de minha gravidez para eles e os meus irmãos, todos me deram total apoio. Meu pai conversou comigo das 6h da tarde às 11h da noite. Essa foi uma das conversas mais lindas que ele teve comigo. Ele me disse que estava muitíssimo feliz, que eu não poderia ficar sozinha, que a casa dele estaria sempre aberta para mim e para o meu filho, que ter um filho era muito bom e que ele sabia que meu filho seria um grande companheiro meu. Em suma: o que se espera de um bom pai nessas horas.

Vendi a maior parte da empresa para um amigo que havia trabalhado comigo na Camargo Soares e nos consórcios ABC e Panorama. Era o Oswaldo Tosin, o mesmo que chefiara o escritório paulista do consórcio e que eu conhecera em Uberlândia. Ele e a esposa compraram 90% do capital do Alvorada, mas a exigência deles era de que a gente mudasse a empresa para São Sebastião do Paraíso. Detentora de apenas 10% da empresa, eu não tinha muito o que discutir. Mudei para lá ainda grávida e numa situação financeira bastante delicada. Eu era uma pequena empresária arriscando seus primeiros passos e, de repente, tive de voltar praticamente à situação de assalariada.

A gravidez foi um período extremamente conturbado. Eu estava cuidando da transferência da empresa e minha relação com o Marcos estava bastante desgastada. O parto estava previsto para depois de 18 de julho e, por incrível que pareça, eu não fiz nenhum exame de ultrassom. Naquele tempo, o exame servia mais para saber o sexo do bebê, e eu preferi não estragar a surpresa. Eu tinha uma certeza muito grande de que seria um menino e, durante todo o tempo, fui muito centrada em mim e em meu filho. Eu sentia um prazer enorme de chegar em casa, me deitar de costas e conversar muito com meu filho ainda na barriga. Dizia a ele o quanto eu me sentia feliz por recebê-lo. Todas as pessoas ressaltavam o quanto ele seria meu companheiro. Trabalhei até o final da gravidez, viajando bastante; às vezes sozinha, às vezes com meu sócio. Eu trabalhei muito a minha vida inteira. Acredito que trabalho não mata e não faz mal a ninguém. Trabalho dignifica.

No sexto mês de gravidez eu ainda não tinha comprado nada, nem uma fralda sequer para o meu moleque. Resolvi fazer alguma coisa para ele em casa. Pedi a alguém para embainhar umas fraldas e eu mesma passei os bicos de crochê. Eu não sofria por isso. Nunca fui de sofrer por não ter. Eu sofria muito, e sofro até hoje, se eu não consigo pensar em alternativas. Mas como sempre acreditei e confiei em Deus, tinha certeza de que, na hora certa, eu teria com o que vestir o meu filho. Não é que, até ele nascer, ganhou muita coisa mesmo. Janei, minha irmã mais nova, tivera um filho, o Tiago, e me passou muitas roupinhas dele. Eu fui a uma loja, dessas bem simplórias, e comprei umas coisas baratas para completar o enxoval. Mas nem por isso eu estava triste. Eu estava era radiante, pois tinha certeza de que meu filho seria lindo e de que eu seria mãe como havia sonhado.

Na noite do dia 27, após ter ficado até tarde passando os bicos de crochê nas fraldas, percebi que minha bolsa havia estourado. Liguei para o médico, que me disse para eu estar no hospital no dia seguinte, logo cedo. Eu praticamente não dormi, tamanha era a minha felicidade. Foi quando algo fascinante me aconteceu. De madrugada, eu vi, em volta da minha cama, alguns mentores espirituais. Eles passavam a mão na minha cabeça e me diziam que era para eu ficar tranquila, que daria tudo certo.

A Divina, que morava em casa e que trabalhava comigo no Alvorada desde que eu havia aberto a empresa em Monte Santo de Minas, também acordou. Eu estava arrumando a mala e ela logo se aprontou para irmos juntas ao hospital. O carro da empresa estava na garagem com pouco combustível, pois alguém de lá o havia usado e não o reabasteceu. Mas para uma distância de 36 quilômetros daria. Só que eu tenho uma frase que jamais me abandona: "faz para ficar pronto". Em vez de ir direto para a maternidade com o combustível que tinha, quando cheguei a Monte Santo, fiquei esperando o posto abrir. Não me perguntem por que fiz essa bobagem. Às vezes, em situações mais dramáticas, gastamos energia com coisas desnecessárias, sem nos darmos conta de que elas podem, simplesmente, ser repassadas a um terceiro.

Embora eu desejasse muito ter um parto normal, tive de fazer uma cesárea de emergência, pois já havia perdido todo o líquido amniótico. Como eu já dava como certo, era realmente um menino. Ele nasceu extremamente saudável e logo se agarrou ao meu peito para mamar. Nós nunca mais nos separamos. Ele foi uma criança espetacular. Nunca passei uma noite em claro e o tratava apenas com homeopatia. Eu completei 31 anos no dia 6 de junho e ele nasceu no dia 28. Um bebezinho com cara de joelho, como todo recém-nascido. Mas que, aos dois meses, já era lindo. Dei ao bebê o nome Antônio, o mesmo de meu pai. Antônio Honorato Neto. Nem preciso dizer que todos passaram a chamá-lo como Neto. Minha mãe sempre quis ter um filho que levasse a palavra Neto em seu nome. E assim ficou...

"GENTE AO MEU REDOR

"Minha filha vive me dizendo que esse período em que eu trabalhei num mundo tradicionalmente masculino deve ter sido bem sofrido. Respondo sempre que não. Aquilo, para mim, era um desafio que eu encarava até com uma certa dose de provocação. Monte Santo era uma cidade minúscula, repleta de idosos, e, de repente, eu apareço por lá; mãe solteira, com um filho de cada lado, tomando cerveja e fumando na mesa de um bar. Edna, nessa época, era mais contida. Ela ainda trazia consigo aquele recato antigo, tão típico dos mineiros. Decidimos morar juntas. Foi nesse nosso apartamento que ela conheceu o Marcos, por intermédio de nosso amigo Geraldo. Fazíamos muitas rodas de violão e ouvíamos músicas na vitrola juntos. Eu

" adorava os sertanejos, como Zezé de Camargo e Luciano, que estavam começando a carreira. Edna era mais fã das músicas instrumentais, eruditas ou populares. Notei que o encontro com Marcos mexeu um bocado com a sua cabeça. Edna era extremamente discreta. Mas eu percebia que, a cada nova investida dele, ela relutava, mas acabava cedendo. Isso, para mim, é típico de quem está apaixonado. À época, ela não admitia, mas hoje concorda que era verdade."

Elza Coelho de Jesus, 67 anos, amiga

"Edna, àquele tempo, chamava a atenção em Monte Santo, onde eu nasci e nos conhecemos. Trabalhei com ela no consórcio Panorama e a acompanhei quando ela se mudou para o Alvorada, cuja sede ficava em São Sebastião do Paraíso. Passamos a morar juntas na pequenina cidade. No dia 28 de junho de 1991, a bolsa rompeu, e Edna entrou em trabalho de parto. Partimos para Monte Santo, pois morávamos em São Sebastião do Paraíso. Saímos às pressas, de madrugada. Fiquei assustada, com medo de que o nenê nascesse na estrada. Chegamos com a gasolina no sopro, mas chegamos. Ela teve de fazer uma cesariana, mas estava bem tranquila.

"Em poucos minutos, o Neto nasceu, com o cabelinho todo espetado. Com ou sem marido, eu sabia que esse era o grande sonho dela. Eu fui a primeira pessoa, fora os médicos e enfermeiras, a conhecer o Neto. Depois de quatro meses, o Marcos veio conhecer o filho. Edna ficou extremamente feliz. Logo depois, começaram as negociações entre Edna e o Magalu. Quando a convocaram para o Grupo, ela teve de se mudar para Franca. Dias depois, ela marcou uma entrevista para mim e eu fui selecionada para trabalhar na Consórcio Luiza, enquanto ela foi para o Magazine Luiza. Vim morar com ela em Franca e, como ela viajava muito, me aproximei bastante do Neto. Eu trouxe meus pais de Monte Santo para morarem numa casa bem defronte à dela. Essa casa acabou virando também a casa dos avós do Neto. Quando ela e Marcos brigavam, eu fazia as vezes de cupido. Decidiram, então, ficar juntos e a relação se estabilizou. Esse foi o início de um novo ciclo na vida de Edna. Eles viveram juntos, como um casal, por cerca de 11 anos. Foi de longe o período mais feliz na vida dela. Edna estava se destacando bastante na empresa e ao lado do homem por quem era loucamente apaixonada."

Divina Ferreira dos Santos, 51 anos, a Divininha

> "É claro que ficamos um pouco preocupados quando a Edna engravidou ainda solteira. Ela, que trabalhava tanto, como iria agora criar um filho sozinha? Mas ela já nos havia dito várias vezes que até os 31 anos de idade teria um filho. E, casada ou não, tínhamos certeza de que aquele filho seria o grande companheiro que Deus estava colocando no caminho dela."
>
> **Maria Abadia Gomes Honorato, mãe**

"Embora digam que a relação entre eles era instável, eu nunca senti, como filho, o menor problema por causa do distanciamento que meus pais viveram no comecinho de minha vida. Eles tinham uma sintonia muito particular e sempre foram transparentes e maduros. Se meu pai era meio atirado, minha mãe sempre foi uma pessoa de costurar acordos – e o acerto de ponteiros entre eles certamente foi um desses pactos. Mesmo com seus altos e baixos, eles sempre estiveram muito juntos. Eram confidentes um do outro. Sinto que, quando eles se acertaram, meu pai se estabilizou. Ele sempre foi um cara presente, divertido e muito feliz. Meu pai era uma pessoa antes de meu nascimento e outra depois. Fico muito tocado com isso. Acho que ele foi muito mais ausente

> com meus meios-irmãos Marcos Augusto e Janaína do que comigo. No fim das contas, creio que fiquei com a melhor parte, pois fui criado com os dois já bastante equilibrados e unidos por uma relação saudável e muito amorosa."

Antônio Honorato Neto Piccinini, 29 anos, filho

"Quando nasceu Neto, o filho de tia Edna, Marcos, o pai, não deu nenhum apoio. A gente pescava esse desconforto no ar. Com o tempo, porém, os dois foram se acertando, acabaram ficando juntos e se casaram. Eu nunca vi uma pessoa olhar para alguém como tia Edna olhava para o Marcos. Era um amor que transbordava. Mesmo assim, ela continuou independente e jamais se vitimizou. Apenas foi seguindo a sua vida, aparando arestas, como sempre fez. Foi paciente até que a cabeça de Marcos mudasse e eles pudessem viver juntos e em paz com o filho que tiveram."

Marcela Domiciana Borges, sobrinha, filha da irmã Odete

"Edna e minha mãe, a lendária tia Nenê, cruzaram seus caminhos há mais de 30 anos em Monte Santo. Quando se mudou para cá, ela foi vizinha

" e inquilina de minha mãe. Desde esse tempo, elas criaram um laço profundo de afeto e amizade. Tia Nenê, porém, após casar-se com o Olavo Ramalho, mudou-se para São Paulo. Seu marido era um pedreiro que se tornou mestre de obras e, mais tarde, empresário da construção civil. Mexia também com garimpo e acabou fazendo uma fortuna. Mas o destino lhes reservava dois trancos terríveis. Em um curto espaço de tempo, seus dois filhos se suicidaram: primeiro Sigberto, aos 12 anos, e, depois, Vera, aos 24, enquanto fazia o curso de Medicina. Tia Nenê entrou em depressão e voltou para Monte Santo muito debilitada. Os médicos, em Ribeirão Preto, deram-lhe então uns 10 dias de vida. Mas tia Nenê escapou incólume. Todos os seus médicos já morreram e ela continua viva. Hoje tem 95 anos. Ainda em São Paulo, ela havia visitado um centro espírita, cujo médium lhe disse: 'Há muitos órfãos à espera de sua ajuda'. Tia Nenê, num primeiro momento, revoltou-se. Como falar em órfãos para uma mulher que havia acabado de perder seus dois filhos? A mensagem, no entanto, foi mesmo uma revelação. Tempos mais tarde, já recuperada, tia Nenê tornou-se voluntária no Lar da Criança Allan Kardec, em Monte Santo. Numa viagem a São Paulo, reencontrou o médium, que dessa vez lhe disse.

" 'Minha irmã, minha amiga: você abraçou as tarefas que Deus lhe confiou'. Foram 20 anos de trabalho, entre 1973 e 1992, em que mais de 100 crianças passaram pelo Lar, todas recebendo um acolhimento genuinamente materno. Eu fui uma dessas crianças e até hoje cuido de tia Nenê como um filho, com a ajuda de outros órfãos que ela criou. Pudemos assim retribuir o carinho com que a vida inteira ela nos abençoou. Foi por essa época que ela e a Edna se tornaram amigas. Foi nesse ínterim, também, que Edna conheceu e começou a namorar o Marcos, que fazia parte da diretoria do Lar. Havia entre Edna e dona Nenê uma clara relação de mãe e filha. Era evidente a alegria de ambas quando se encontravam. Quando tia Nenê ficou doente, Edna largou tudo em Franca para acompanhá-la no hospital em Monte Santo. Tia Nenê ficou muito emocionada e, sempre que se lembrava desse episódio, seus olhos marejavam. Por outro lado, não me recordo de nenhum aniversário de tia Nenê no qual a Edna não estivesse presente. Ela sempre a visitou nessa data, levando embaladinho um presente. Hoje, a tia Nenê está com a saúde muito fraca e a memória debilitada pelo Alzheimer. Mesmo assim, basta que alguém "pronuncie o nome Edna perto dela para que um sorriso ameace brotar em seus lábios."

Edgar de Sousa, 50 anos, filho adotivo de tia Nenê

"Conhecemos a Edna há mais de 30 anos. Ela veio para Monte Santo de Minas muito jovem, a fim de trabalhar numa empresa de consórcios que havia em nossa cidade. Alguns anos depois, ela fundou sua própria empresa para administração de planos de consórcio, transferindo-se posteriormente para a cidade de Franca-SP, onde tinha planos de estabelecer parceria com uma grande empresa sediada naquela cidade. A determinação, o espírito empreendedor, a capacidade administrativa e, principalmente, o sentimento de solidariedade são características de sua personalidade. Durante muitos anos, a Edna foi o braço direito de dona Alzira Pereira dos Reis, a tia Nenê, na administração e manutenção do Lar da Criança Allan Kardec, uma instituição assistencial de nossa cidade. Foi no trabalho voluntário da assistência social que tivemos a felicidade de conhecê-la. Quando a Casa do Caminho foi fundada, em 1987, com o objetivo de distribuir sopa às famílias carentes,

> Edna foi uma das voluntárias que abraçaram a causa, adquirindo alimentos e preparando, ela mesma, a sopa que ajudava a servir, na função modesta de cozinheira dos pobres. Motivada pelo ideal fraterno, fundou a ONG Amarja, destinada ao tratamento e à recuperação de dependentes químicos, cuja sede funcionava, inicialmente, em sítio de sua propriedade. Com a mudança de Edna para Franca, a Amarja ganhou uma nova sede nessa cidade. Mesmo após tantos anos residindo a mais de 100 quilômetros de Monte Santo e com uma agenda cheia de compromissos, Edna visita com frequência os amigos que aqui deixou, proporcionando a todos a alegria de sua presença e amizade. Nos últimos anos, ela vem pelo menos uma vez ao mês a Monte Santo trazer-nos a sua palavra iluminada, consolando, esclarecendo e motivando as pessoas através das palestras proferidas na Casa do Caminho. Por muitos anos, mesmo morando distante, ela participou do Bazar das Mães, evento beneficente promovido pela Casa, trazendo sua contribuição e fortalecendo os laços de amizade nesse evento caritativo. Conhecer e conviver com Edna tem sido uma dádiva espiritual, pois sua presença é motivo de alegria e

> motivação àqueles que com ela convivem. Ela está sempre disposta a auxiliar quando necessário."
>
> **Toninho, Joaninha e Selma Buffoni,**
> **Casa do Caminho de Monte Santo**

"Como venho de uma família kardecista, desde a juventude, nos anos 1970, eu estudo a doutrina espírita. Conheci Edna na década seguinte, quando fui convidado a integrar o grupo kardecista chamado Cristo Consolador, que realizava trabalhos no Lar da Ofélia, um abrigo de idosos de Franca. Um dia, a convidei para dar uma palestra em nosso círculo. Foi um sucesso. Percebi, então, que éramos bem mais próximos no quesito espiritualidade do que eu imaginava. Como eu, ela é espírita, mas encara a existência e o ser humano de modo holístico – ou, se preferirem, integral. Edna sempre valorizou o caminho do autoconhecimento. Com a ajuda de seu guru, o consultor Roberto Zimmer, ela levou para o mundo corporativo ferramentas de reflexão pessoal muito valiosas. Adoro o seu desprendimento e a sua generosidade. Ela abre mão do próprio lazer para construir o lazer de outras pessoas mais frágeis e menos favorecidas."

Sostenes Cândido de Paula, 60 anos, gerente de pessoas do Consórcio Magalu

"Quando conheci Edna, eu morava na casa de meus avós, que eram vizinhos de parede da casa dela. Com aquela generosidade tipicamente mineira, eles a acolheram muito bem. Costumavam cuidar de sua casa durante suas frequentes viagens e também a ajudá-la com seu filho, o Neto. Ainda uma menina, eu ficava muito impressionada ao vê-la chegar em casa. Sempre muito bem vestida, com seu próprio carro. Expressava-se muito bem e, um sonho à época, tinha cartão de crédito. Aquilo inspirou muito a garota que eu era a desejar ter um comportamento semelhante mais tarde. Hoje vejo claramente como ela foi uma mulher pioneira para o seu tempo. Passaram-se 25 anos, e eu continuo me inspirando, como mulher, em sua figura radiante. Edna é um exemplo intacto em minha mente. Meu avô e eu fazíamos companhia ao Neto. Pude ver que ela, apesar de muito trabalho, dava conta direitinho de seus deveres como mãe. Creio que meu avô, de certa forma, preencheu um tantinho o papel masculino na vida no Neto."

Kamila Cristina Franchini, 36, secretária executiva de Edna por 11 anos

CAPÍTULO 5
Consórcio? Tem no Magalu!

EM SÃO SEBASTIÃO DO PARAÍSO, O NOSSO ESCRITÓRIO funcionava em um sobrado, em cima da loja do Magazine Luiza na cidade. Os dois imóveis pertenciam ao senhor Gerson. Um dia, ele disse para o meu sócio que o Magazine Luiza queria implantar um consórcio e estava procurando uma administradora. Meu sócio foi com ele a Franca conversar com a Luiza Helena. Participavam da concorrência o Consórcio Regional, de Ribeirão Preto, o Garavelo, de Lins, ambos muito grandes, e nós, um consórcio pequenino, praticamente familiar.

A Luiza Helena, muito esperta, disse ao Oswaldo que queria conhecer a sócia dele. Ele me levou ao encontro seguinte, em que ela nos disse que já estava com o pedido de autorização para a implantação do consórcio no Banco Central. Ela queria fazer a parceria com uma empresa, mas que ficasse claro que, brevemente, ela teria o seu próprio consórcio. Naquela época, a inflação era altíssima e o crédito era bem escasso. Era bem difícil vender produtos de forma parcelada, pois os juros estavam nas alturas. Nós duas conversamos, o nosso santo bateu e, por incrível que pareça, ela fechou a parceria com a gente, do pequeno Consórcio Alvorada. Imagine só a alegria.

Numa conversa que tive com a Luiza Helena, ela me pediu para que eu visitasse algumas unidades de uma empresa concorrente para obter informações sobre o funcionamento do consórcio. Eles eram o único consórcio de eletrodomésticos de varejo, além de algumas indústrias que tinham o seu próprio. Eu não sabia direito quem era a Luiza Helena e perguntei se, com isso, ela queria dizer que a nossa parceria estava fechada. E ela disse que não, que não estava dizendo isso. Então eu repliquei que não iria fazer aquele trabalho de levar as informações para ela. Afinal, quem iria me garantir que ela não passaria tudo para um concorrente meu? Luiza ficou louca da vida comigo. Disse que ela e sua empresa tinham seus valores e que jamais faria algo semelhante. Ela foi bastante assertiva. Foi esse o meu primeiro contato com a cultura do grupo Luiza. Percebi, de imediato, a solidez e clareza desses valores. Visitei, então, duas lojas, fiz todo o trabalho, fechamos o contrato em março e, em abril de 1992, começamos a operar com consórcio no grupo Magalu.

Luiza Helena, aliás, é uma figura ímpar, seja do ponto de vista humano ou profissional. Nasceu no universo do varejo e, com sua determinação e inteligência emocional agudas, transformou uma loja de eletrodomésticos do interior de São Paulo em uma das maiores corporações de varejo do mundo. O que me comove, porém, em sua trajetória, é o fato de ela jamais ter perdido a dimensão humana em seu perfil de liderança. Para ela, a liderança verdadeira tem por cerne as pessoas. Todas elas, e não apenas executivos hierarquicamente mais próximos. Clientes, colaboradores e parceiros. Foi exatamente essa cultura que o Great Place to Work chancelou, mais tarde, com a inclusão do Consórcio Magalu entre os melhores lugares para se trabalhar no Brasil.

Unindo as pontas dessa história, 12 dias depois do parto eu já estava trabalhando. Pouco mais de um mês após o seu nascimento, coloquei o Neto e a babá num Gol velho e fui dirigindo até Brasília para tratar de uma papelada da alteração societária no Banco Central. Durante o dia, ele ficava com a babá no hotel e eu voltava, de três em três horas, para amamentar. Era uma rotina louca, mas eu me sentia nas nuvens. Nunca me senti tão plena.

Por mais difícil que isso fosse para mim, nunca misturei a minha relação com o Marcos com o papel dele como pai. Ele só foi conhecer o filho quando o Neto tinha quatro meses, e por iniciativa própria. Foi engraçado, pois eu não sabia quem acudir primeiro; se o pai, que teve uma dor de barriga, ou o filho, que não parava de vomitar. Mas foi um encontro muito tocante – e ali começava o vínculo entre os dois. Eu nunca proibi o pai de ver o filho sempre que quisesse. Enquanto estivemos separados, o Marcos sempre manteve o seu papel de pai. Ia às festas do colégio, levava o Neto para passar férias com ele. Nunca deixamos de conversar e até mesmo de trocar confidências.

Até que um dia, sem muitas premissas, Marcos chegou dizendo que a decisão estava em minhas mãos. Ele havia marcado o casamento com a tal "senhora", mas deixara uma porta entreaberta (ou semifechada). Disse-me que, se eu dissesse sim, ele não se casaria. Eu fiquei passada. Respondi que, se ele estava na beira do abismo por livre escolha, no máximo eu ajudaria a empurrá-lo e a jogar uma pá de terra em cima. Ele foi embora; casou-se, mas o matrimônio durou apenas alguns dias. Depois disso, ainda tivemos algumas idas e vindas. Mas ele seguia querendo impor algumas condições, que eu decididamente não aceitava.

Meu filho era muito saudável. Até os 10 anos, Neto não havia tomado um comprimido alopata sequer. Sempre homeopatia. A minha família não se conformava com isso, até que um dia estávamos na fazenda e o Neto teve febre. Era uma amidalite. Eu liguei para o homeopata. Ele receitou um remédio, que meu irmão trouxe de Araxá. Eu adicionei uma gotinha em meio copo de água. Logo ele estava sem febre, correndo e brincando no curral. Só aí é que passaram a me respeitar com a homeopatia. Até o pai dele começou a perceber o quanto o remédio era bom. Eu amamentei Neto no peito durante um ano, e todo mundo me criticava por isso. Na véspera de completar o seu primeiro aniversário, eu o deixei dormir na casa da minha mãe. Expliquei que ele não precisava mais mamar, que já podia tomar o leite na mamadeira. Ele nunca mais pediu o meu peito. Neto, para mim, sempre foi uma fonte de bênçãos.

De volta ao trabalho, em abril de 1992, nós inauguramos o primeiro grupo de consórcio em parceria com o Magazine Luiza. Eu morava em São Sebastião do Paraíso e ia para Franca todas as manhãs. Ficava na cidade o dia todo. Nas primeiras semanas tive febre, por causa do leite represado. Uma das primeiras tarefas que a Luiza Helena me pediu foi que eu treinasse todas as equipes do Magazine Luiza (na época, 35 lojas), para que elas começassem a vender consórcio. Minha experiência de treinamento era a do início da minha empresa, a Alvorada, com apenas oito funcionários. Agora, o desafio era treinar diretores e gerentes, coisa que eu nunca havia feito. Naquela época, o mar não estava para peixe. Com as mudanças governamentais, muitas empresas quebraram e muita gente que era contemplada pelo consórcio não conseguia receber os seus bens.

Enfrentar uma sala com umas 200 pessoas, entre diretores, gerentes e equipes, não foi nada fácil. Muitos deles estavam mais interessados em contar suas experiências desastrosas com consórcio do que no treinamento em si. Mas, em uma semana, consegui treinar todos os colaboradores de Franca. Jamais imaginei que um dia me depararia com uma tarefa tão desafiadora, mas segui em frente.

Eu sabia que, no Magalu, os valores não estavam num quadro da parede, mas sim nas ações de líderes e liderados. Todas essas ações tinham por alvo as pessoas. O que contava, portanto, eram relações humanas em seu melhor sentido. Olho no olho. Confiança. Franqueza. Feedbacks precisos e estimulantes. No ethos do grupo Magalu, as empresas são usinas de desenvolvimento pessoal de seus colaboradores. Talvez nem nos déssemos conta disso teoricamente. Mas, na prática, era esse o sentimento que nos movia.

Depois continuei o mesmo trabalho com as lojas mineiras mais próximas de Franca (Uberlândia, Uberaba, Ituiutaba, Araxá, Passos e Paraíso). Eles começaram a vender, marcamos a data da primeira assembleia e ela foi um sucesso. Quando o Banco Central deu a autorização de funcionamento para o Consórcio Luiza, treinamos as demais lojas da rede. A partir daí, a cada loja que era inaugurada, eu dava o treinamento para que sua equipe pudesse começar a vender o consórcio. Não faltavam dificuldades. As frequentes mudanças dos planos econômicos do governo e alterações das normas do Banco Central tinham de ser comunicadas para toda a rede. Hoje é fácil, pois temos a internet e as redes sociais. Mas, àquela época, isso demandava um dia inteiro transmitindo informações por fax. Embora a venda dos produtos sempre fosse o objetivo primordial das lojas, conseguimos implantar a venda do consórcio com sucesso. Sempre tive um bom relacionamento com as equipes, o que me demandava muito trabalho, mas o realizava com muito prazer. Eu chegava a rodar 3 mil quilômetros por mês para dar conta de todas as lojas.

Eu trabalhava em contato direto com a Luiza Helena e com o Wagner Garcia, que era seu primo e sócio. Ele era pai do Fabrício Garcia, hoje o VP do Magalu. Na época, o Fabrício tinha 12 ou 13 anos e já acompanhava o pai nas atividades da empresa. Naquele momento, o Grupo Magazine Luiza estava passando por grandes transformações. Estava implantando a holding, informatizando as lojas, desenvolvendo novos produtos e novas modalidades de venda, como as lojas eletrônicas e outros serviços. Luiza Helena formulou, então, os primeiros convites para que eu trabalhasse na empresa como funcionária.

Fiquei matutando se ia ou não. Até que, em julho, ela me chamou oficialmente e fez uma proposta profissional e financeira muito boa. A minha relação com os meus sócios no Consórcio Alvorada estava um pouco desgastada, apesar de eu me dar muito bem com eles. Tanto que se tornaram meus compadres, pois são os padrinhos do Neto. O problema era a relação societária. Eu tinha apenas 10% da empresa e, naquele trabalho com o Magazine Luiza, era eu quem carregava o piano. Trabalhando como contratada, eu sabia que meu salário mensal estaria garantido.

Eu estava separada do Marcos, criando o meu filho com independência. Mas Neto sempre convivera com o pai, da melhor forma possível, desde os quatro meses de idade. Por alguma birra que não consigo resgatar, eu registrei meu filho só no meu nome. Em 1997, o Marcos me pediu para regularizar a paternidade no registro de nascimento. Fomos ao cartório, refizemos a certidão e meu filho passou a se chamar Antônio Honorato Neto Piccinini.

Eu sempre fui muito focada no meu lado profissional. Como eu já havia desistido da Medicina lá atrás, eu via o consórcio como uma alternativa de exercício da responsabilidade social, algo que sempre foi muito importante para mim. Vivendo num país em que ou a inflação ou a taxa de juros é sempre alta, o consórcio é uma forma de as pessoas pouparem. Se elas têm um tanquinho e almejam ter uma máquina de lavar, com um pouquinho por mês logo conseguem ter os dois sem precisar vender uma coisa para ter a outra. Um negócio finamente alinhado com a grande máxima do Grupo Magalu: "Levar a muitos o que é privilégio de poucos".

Mesmo durante o período em que o Marcos tinha outra namorada, nós permanecemos naquele rolo, no tal ata-desata. Por isso, eu o procurei para conversar sobre a proposta que havia recebido do Magazine Luiza, na expectativa de que ele me propusesse voltar, para criarmos juntos o nosso filho. A resposta dele foi gélida, mas muito boa para mim. Ele me disse que achava que Franca seria um bom lugar para eu criar o meu filho. Aquilo foi uma facada no meu coração. Eu voltei para São Sebastião do Paraíso e, no dia seguinte, aceitei a proposta da Luiza Helena. Fui embora para Franca, feliz por poder criar o Neto da melhor maneira possível.

Fiz o acerto com os meus sócios e saí com uma mão na frente e outra atrás. Além de uma Parati velha. Não recebi nada pela empresa que eu havia construído. Mas saí de cabeça erguida, pois meu nome estava limpo. No dia 19 de agosto de 1992, eu fui registrada no Magazine Luiza. Eles queriam que eu assumisse a empresa de consórcio deles, a ML Empreendimentos, mas eu tinha pouca experiência com o varejo, meu filho acabara de completar um ano e eu havia vindo sozinha com ele para

Franca, onde não conhecia quase nada ou ninguém. O engraçado é que, alguns bons anos antes, passara por Franca com minha irmã Hosana e seu então namorado, o João Bambu. Estávamos a caminho de Altinópolis, pois o João ia levar a Hosana para conhecer a família dele. Eu gostei do aspecto da cidade e, do nada, disse para eles que um dia iria morar lá. João Bambu riu e disse que não havia nada para fazer lá, que Franca só tinha duas empresas boas: a Amazonas, do grupo Alpargatas, e o Magazine Luiza. Vista hoje, essa cena parece premonitória.

Por causa de todos esses fatores, fui conversar com o senhor Palamoni, diretor da holding, e disse a ele que não me sentia segura para assumir a empresa naquele momento, por não ter conhecimento suficiente sobre varejo. Creio que ele também não se sentiu confortável em entregar a empresa para alguém como eu – talvez porque eu fosse muito estranha para eles, que eram bem conservadores. Eu era uma mulher independente, que dirigia pelas estradas, morava apenas com meu filho e o criava sozinha.

Em dezembro de 1992, quando saiu a autorização para o funcionamento da ML Empreendimentos Consórcio Luiza, eles contrataram um diretor, que veio de uma empresa de consórcio concorrente. Também trouxeram de outra administradora de consórcios um gerente administrativo. Dois homens, dois bambambãs que assumiram a Consórcio Luiza. Depois, o Magazine Luiza contratou um diretor comercial, o Eldo Moreno, que veio ajudar a Luiza Helena, que até então acumulava esse cargo. Eu assumi a gerência de consórcio do Magazine Luiza e o implantei em todas as lojas. O Grupo estava em expansão, inaugurando as lojas eletrônicas. Ao longo dessa empreitada, implantei a modalidade consórcio em todas as lojas de São Paulo e Minas, inclusive as eletrônicas. Em 1997, o Magalu comprou uma rede de lojas paranaense que possuía dezenas de pontos de venda. Eu fiquei 30 dias no Paraná para implantar o consórcio nesse grupo de lojas. Foi uma experiência marcante.

Eu e o Eldo, o meu líder, nos dávamos muito bem. Havia confiança mútua. Nessa minha ida ao Paraná, há uma história curiosa. Eu havia feito um cronograma de trabalho bem apertado, de segunda a sábado de manhã. Nada podia dar errado. No décimo quinto dia, ao invés de eu ir a Franca para ver meu filho, Marcos o traria para Foz do Iguaçu. Fui ao diretor do consórcio explicar isso e pedir que, em vez de pagar a minha passagem a Franca, ele pagasse a passagem do pai para Foz. A de meu filho eu mesma pagaria. A resposta dele foi não. O argumento? De que aquilo não era possível. Fiz algo impensável: fui direto ao senhor Palamoni relatar o ocorrido e ele, prontamente, não só comunicou ao diretor que pagasse a passagem do Marcos, mas também a do meu filho. Eu andei tanto de carro no Paraná, de loja em loja, que voltei preta de sol de um lado e branca do outro. O Eldo, então, me deu 15 dias de descanso para que eu pudesse me recuperar da maratona.

A grande lição que extraí desse périplo foi uma das mais valiosas de toda a minha carreira. Uma ficha caiu. Notei, então, que na base de toda relação saudável e produtiva repousa a confiança. Trazer as pessoas para o seu lado requer, antes de mais nada, que haja um campo de confiança entre você e elas. Hoje procuro me guiar com ensinamentos de mestres como o consultor Bob Lee, um especialista em desempenho de negócios e fundador do Great Place to Work Institute na Inglaterra e Irlanda. Seu livro *Regras da Confiança – Como os Melhores Gerentes do Mundo Constroem as Melhores Empresas para Trabalhar* é uma pequena joia. Destaco um trecho que ilustra magnificamente essa reflexão: "Quando você demonstra interesse sincero pelos membros da equipe como indivíduos únicos, e não apenas como empregados, você mostra respeito pela complexidade de suas vidas". Quase ouso dizer que os mineiros, como eu mesma, parecem trazer do berço esse atributo tão destacado por Lee. Desde a infância, devido à minha formação familiar, sempre tive clara a importância da confiança em nossas vidas e relações pessoais ou profissionais.

Conduzi esse trabalho de implantação até que o Magazine Luiza tivesse mais de 200 lojas. Mas havia muitas dificuldades em meu relacionamento com os diretores da então chamada ML Empreendimentos. Apesar disso, prossegui o meu trabalho. Meu relacionamento com o Magazine Luiza era excelente. Eu era muito benquista nas lojas, conhecia todos os gerentes pelo nome. Só que, num determinado momento, o Banco Central proibiu a formação de novos grupos de consórcio, ou seja: o meu cargo estava praticamente em suspenso. Minha renda caiu quase à metade.

Porém, como o Eldo gostava de meu trabalho, transferiu-me para a área de compras de portáteis, na qual, felizmente, me saí muito bem. Meu filho Neto já tinha seis anos, eu estava com a vida mais estruturada e sempre tive uma pessoa em casa para me ajudar. Pouco tempo antes, a empresa permitiu que adquiríssemos o carro com o qual viajávamos e nos pagava por quilômetro rodado em serviço. Assim, eu não precisava mais ter dois carros. Como eu tinha um Monza, resolvi empregá-lo na compra de uma casa. Mas o valor só dava para o terreno. Pedi a uma corretora que me mostrasse alguns imóveis no bairro do Horto. Ela me mostrou uma casa, bem arrumadinha, mas eu sabia de outra, que ela relutou em me mostrar.

Esse imóvel estava em péssimas condições. Pertencia a um conjunto habitacional, mas era de esquina e tinha um bom terreno. A compra foi um grande desafio. Fui até a Cohab de Ribeirão Preto e descobri que o imóvel já era alvo de ordem de busca e apreensão e seu morador não tinha mais o direito de venda. Fui informada que só poderia comprar se o prefeito me desse uma carta de autorização. Eu conhecia poucas pessoas em Franca, o que dizer do prefeito? Voltei à loja para retirar o carro, onde o havia deixado para vender. Contei o caso para o dono da revenda e, inesperadamente, ele disse que poderia me ajudar. Era o acaso conspirando a meu favor, pois ele conhecia bem o prefeito. Não deu duas horas, eu estava com a carta dele em mãos.

Consegui, enfim, comprar e reformar a casa com muitas dificuldades financeiras. Ela ficou linda e hoje pertence ao meu sobrinho Lécio. Mas foi um período difícil. Eu havia matriculado meu filho no pré de uma boa escolinha particular, mas, com a queda de renda, tive de tirá-lo e colocá-lo numa escola municipal perto de casa. Eu nunca tive medo de dar um passo atrás. Para mim, tudo é aprendizado. Assim como Chico Xavier dizia que "tudo passa", eu sei e confio que tudo na vida é mesmo uma fase e que o ruim também vai passar. Essa impermanência das coisas se confirmou e a má fase também ficou na poeira do tempo.

Morando em Franca, no bairro do Horto, eu construí grandes amizades, como a da família do senhor Roberto Franchini, frequentando o Centro Espírita Cristo Consolador. Realizávamos, aos sábados, trabalhos com crianças de um bairro carente e no Lar dos Idosos. Prossegui meus estudos dos livros de Kardec, Divaldo, Chico e outros. Uma vez, a convite, fiz uma apresentação chamada Reforma Íntima num dos mais de 100 centros espíritas de Franca. Ela é uma das cidades brasileiras com maior número de espíritas em sua população. Integrantes do grupo acharam que eu deveria levar os meus estudos para mais pessoas. Eu chamo de estudo, mas muita gente chama de palestra. Só mais algumas linhas e você entenderá a razão de eu ter escolhido esse título para o meu estudo. Ou palestra.

Minha casa sempre foi um polo de acolhimento. Vinha muita gente de Perdizes ou de Monte Santo para trabalhar ou estudar em Franca, e eu as recebia. Alguns anos antes, minha mãe havia me indicado uma pessoa para trabalhar em casa e cuidar do Neto. Era a Olgair, que ficou conosco 11 anos e foi uma grande companheira. A família da Divina também me ajudou bastante na criação do meu filho, como já acontecera por ocasião do meu parto. Eles se mudaram para uma casa defronte à minha. O Neto sempre chamou o senhor João e a dona Teresa de vovô e vovó e a Divina, de titia. Eu sempre fui muito abençoada com os vizinhos. O senhor Roberto levava o Neto para a escola quando eu estava viajando, e eu o ajudava no pagamento da escola da Kamila, sua neta. Eu sempre entendi que a vida é uma estrada de mão dupla: eu posso fazer algo para alguém e alguém pode fazer algo por mim. É óbvio que juntos nós podemos ir mais longe.

Franca foi uma grande fonte de aprendizado, crescimento e, muito especialmente, de como construir uma casa. Creio que toda pessoa deveria passar pela experiência de construir ou, ao menos, reformar uma casa. Eu acho que, quando realizamos uma reforma na casa, realizamos também uma reforma íntima. Entendeu agora o nome do estudo/palestra? Nesse período, eu também passei a ler muito, a estudar outros livros de autoajuda, fui desenvolvendo, ainda intuitivamente, modelos de autoconhecimento. Pronto! Eu já estava em velocidade de cruzeiro.

"
Gente ao meu redor

"As primeiras coisas que me chamaram a atenção em sua pessoa, quando Edna se tornou uma colaboradora do Grupo, há décadas, foram o seu extremo amor e dedicação pelo que fazia. Como eu, ela sempre gostou muito de gente e exibiu um espírito guerreiro."

Luiza Helena Trajano, presidente do Conselho de Administração do Grupo Magalu

"Edna é uma profissional de lealdade impressionante. Conhecemo-nos quando eu ainda era jovem e acompanhava o meu pai Wagner Garcia, então sócio do Magazine Luiza e primo da Luiza Helena, em suas visitas à empresa. De lá para cá, ela se manteve igualzinha. Sua paixão pelo trabalho é assustadora. Foi sua garra que permitiu o

> crescimento e a impulsão dos consórcios no grupo. Tanto ela como a Luiza Helena são mestres em escutar."
Fabricio Bittar Garcia, 43 anos, vice-presidente de operações do Grupo Magalu

"Vindo do mercado, em 2005, passei a trabalhar no Conselho de Administração da holding Magalu, a fim de assumir algumas funções estratégicas até então tocadas por Luiza Helena. Foi quando conheci Edna, então gerente-geral e, alguns anos mais tarde, diretora da Consórcio Magalu. O consórcio, que hoje é um de nossos braços mais relevantes, tem tudo a ver com a cultura original Magalu, tanto no que diz respeito aos clientes quanto aos colaboradores. Afinal, ambos são pessoas – e, como tal, figuram no centro de todas as nossas ações e intenções. Seríssima e dedicada, Edna encarnou exemplarmente essa nossa premissa e fez o consórcio crescer de modo extremamente robusto, sem perder a sua dimensão humana. Seu estilo sensível de gestão, sempre voltado às pessoas (clientes, colaboradores e parceiros), dotou a operação de uma nova cultura organizacional, plenamente alinhada aos valores do Magalu, e contribuiu decisivamente para que o Consórcio se

> consolidasse como uma das melhores empresas do Brasil para se trabalhar segundo o ranking da GPTW (Great Place to Work). Ao longo de mais de uma década, pude atestar a liderança exemplar e inspiradora com que Edna conduz suas equipes e a enorme confiança que os colaboradores sempre depositaram nela. Esse seu traço foi decisivo para a consolidação de nossa empresa de consórcios, cujo ambiente organizacional hoje é um benchmark e alcança excelentes resultados. Figurar permanentemente entre as empresas chanceladas pelo GPTW é um reconhecimento enorme e, para mim, um justo prêmio para a sua dedicação e sensibilidade."

Marcelo Silva, 70 anos, vice-presidente do Conselho de Administração do Grupo Magalu

"Conheci Edna quando foi convidada pela Luiza Helena Trajano para contribuir na estruturação do Consórcio Magalu. Ela era muito jovem, humana e empreendedora – e veio com essa missão. No dia seguinte, pegou sua pastinha e saiu de loja em loja, numa espécie de catequese da força de vendas nos nossos pontos próprios e também dos nossos representantes comerciais. Ela treinou praticamente sozinha toda a nossa equipe,

> com ensinamentos sobre o mercado de consórcios, suas peculiaridades e formas de alavancar as vendas e a satisfação dos clientes. Coordenou centenas de assembleias de consorciados.
> Com a saída do Agenor, então diretor executivo, Edna assumiu o seu posto. Foi criado, então, o Novo Ciclo, que profissionalizou a empresa, tendo em seu foco o ser humano – fossem colaboradores, parceiros de negócios e, acima de tudo, clientes. Valores que eram exatamente os dela. Portanto, além de implantar um novo modelo de gestão do Grupo Magalu com maestria, ela trouxe sua marca pessoal, promovendo muito o desenvolvimento humano. Edna sempre buscou devolver à sociedade o valor que ela agregara ao nosso negócio. Era contagiante vê-la vibrar a cada conquista, sempre compartilhando os êxitos com as equipes."

Emília Telma, diretora de gestão de pessoas e integrante do Conselho de Administração do Magazine Luiza, é também coordenadora do Comitê de Pessoas e Cultura Organizacional do grupo.

"Comecei a trabalhar no Grupo Magalu em 1984, quando tinha apenas 20 anos. Nossa missão sempre foi muito clara: 'Permitir o acesso de muitos ao que é privilégio de poucos'. A trajetória de Edna sempre seguiu esse pilar de nossa cultura. Quando ela veio de São Sebastião do Paraíso, como representante do Consórcio Alvorada, decidimos convocá-la para atuar no Magazine Luiza, a fim de implantar o consórcio como uma de nossas modalidades de venda. O consórcio é uma solução genuinamente brasileira para enfrentar um cenário muito castigado pela hiperinflação e uma enorme desigualdade no acesso ao crédito. Tanto que só existe no Brasil e, com pouquíssima força, em alguns países da América Latina. Quando Edna assumiu essa tarefa na Magazine Luiza, seu foco eram as vendas de cotas para a aquisição de eletrodomésticos – TVs, geladeiras, fogões. Com a projeção obtida com o crescimento das vendas, eu me tornei responsável pelas vendas nas lojas e Edna, pelas de consórcio, nos mesmos pontos de venda. Eu era responsável pelas vendas nas lojas e ela, pelas de consórcio, nos mesmos pontos de venda. Em seguida, já fortalecida pelo próprio desempenho, Edna foi promovida a diretora do Consórcio Magalu, empresa que criamos

" para essa finalidade, e desenvolveu uma rede que representantes comerciais, que hoje chamamos gestores de venda. Nossa operação de consórcios sempre foi a cara da Edna. Ela é uma vendedora nata, totalmente focada no alcance de suas metas – e ainda tem uma enorme capacidade de obter a adesão das pessoas por causa de sua generosidade. Edna consegue se colocar no lugar do cliente e dos colaboradores, o que é muito importante nos planos de gestão. Compreender as pessoas é uma de suas grandes capacidades."

Douglas Aparecido Matricardi, 57, diretor executivo de operações da Holding Magalu

"Estou na companhia desde 1956, há 55 anos. Sou o decano da turma. Fiz um pouco de tudo: cobrança, caixa, atendimento... O Grupo Magalu, naquela época, era apenas a loja número 1, de Franca. Eu acreditava que o negócio iria crescer, mas não dessa maneira. Hoje, o orgulho é unânime entre os colaboradores. Acho que, em primeiro lugar, a cultura do Magazine Luiza é que foi responsável por essa expansão. Uma cultura humanista, ética e de uma agressividade envolvente. Nela, gostar das pessoas é sempre o primeiro passo. Edna chegou ao Grupo há cerca de 30 anos. Após

" uma reunião com a Luiza Helena e comigo, nós a contratamos como gerente de vendas do Consórcio. Após um breve período no Magazine Luiza (a holding do grupo), ela recebeu a missão de implantar, gerir e expandir o negócio de consórcios. Ela era muito bem talhada para o desafio. Era uma pessoa inteligente e empreendedora. Tínhamos certeza de que ela faria uma gestão de qualidade. Nela se sobressaem o espírito humanista e sua alta sociabilidade. Seus lados humano e comercial estão fortemente ligados. Seus principais ativos na carreira foram a alavancagem e a expansão do consórcio. Esse foi, digamos, o seu gol de placa. Hoje, o consórcio é um benchmark do setor e está perfeitamente alinhado ao grupo Magalu em termos de cultura e valores organizacionais."

José Antonio Palamoni, 83 anos, diretor executivo da holding Magalu

"Edna conseguiu conciliar uma carreira de alta absorção com a criação muito dedicada de seu filho e uma enorme atenção para com cada um de seus colaboradores. Edna se entrega por inteiro em cada uma dessas dimensões de sua vida. A partir dos últimos anos da década 1990, os consórcios

" enfrentaram uma conjuntura bastante adversa. Devido à inflação elevada, os preços dos produtos oscilavam bastante. A vinda de Edna fez com que enfrentássemos melhor esse cenário desafiador, pois ela sintetizava todas essas informações. Eram tempos heroicos, em que cada informação era cadastrada manualmente – preços, cotas em atraso, mudanças de endereço e o próprio atendimento. Edna foi a grande responsável pela disseminação da cultura de consórcio pelos pontos de venda, trabalho que a fazia viajar incessantemente, e ainda pela adoção, no Consórcio, da cultura do Grupo Magalu, em que o cliente figura no centro de todas as nossas ações e decisões."

Angélica Pires Urban, 43 anos, gerente executiva de produtos na Magalu Consórcio

"Em 1992, fui contratada pelo Magazine para ser a ponte entre a organização e o Consórcio Alvorada, de que Edna era sócia. Eu era vendedora. A equipe era formada apenas por nós duas, e nosso espaço ficava debaixo de uma escada. Passamos um ano e meio juntinhas nesse canto em que vendíamos bens eletroeletrônicos. Depois, eu fui transferida para outras áreas do grupo. Mas essa temporada a duas me marcou. Edna é uma pessoa parruda, mas dotada de uma simplicidade absurda. 'Eu não sou uma pessoa particularmente inteligente', ela me dizia. 'Por isso mesmo sempre me cerco de pessoas mais inteligentes que eu.' Como temos filhos da mesma idade, mantemos muito contato até hoje. Numa brincadeira que eu adoro, costumamos chamar uma à outra de dona Perua. Nenhuma das duas é isso. Mas, apenas entre nós, nos divertimos muito com essa expressão."

Marilda Caetano, 57 anos, amiga e ex-colega de trabalho

"Estou há 21 anos no consórcio, onde comecei como estagiária de atendimento. Edna ainda trabalhava no Magazine Luiza, mas não demorou a vir para a nossa empresa. Ela já chegou chegando. Seu estilo claro e sensível gerou pouquíssimo ruído durante as grandes mudanças que se seguiram. Nossa cultura, que era um tanto frágil, foi totalmente redesenhada, alinhando-se à missão, à visão e aos valores do Magalu. Um dos gargalos, à época, era a perda de cotistas do consórcio por cancelamento. Edna resolveu montar uma área de recuperação de cotas. Fiz um bom trabalho e me tornei coordenadora desse grupo, o meu primeiro cargo de liderança. Eu não tinha muita formação, mas sim uma vontade enorme de dar certo. Edna foi o meu grande respaldo. 'Vai', ela dizia, 'que assim a gente vai aprendendo e crescendo juntas.'"

Erica Cristina Lima, 42 anos, gerente de vendas do consórcio

CAPÍTULO 6
"Filha: onde é o fim?"

EM 1995, FIZ A PRIMEIRA FESTA DE ANIVERSÁRIO PARA O Neto. Era seu quarto aniversário. Todo ano comemorávamos com simplicidade, mas, dessa vez, ele já entendia, podia escolher o tema da festa. O meu pai veio, todo feliz, pois se orgulhava um bocado do neto que levava o seu nome. Em agosto, eu fui para Perdizes, uma semana antes do Dia dos Pais. Ao me despedir, o cumprimentei antecipadamente pela data, porque eu não poderia voltar no final de semana seguinte. Eu tinha um compromisso importante agendado – o chamado Encontrão do Magazine Luiza. Quando eu estava entrando no carro, ele me disse que estaria lá, sim. Deu-me um abraço gostoso, e eu fui embora.

Na terça-feira, recebi uma ligação informando que meu pai havia falecido. Foi uma das notícias mais desnorteantes que eu recebi na vida. Era a dor sem remédio batendo pela primeira vez na minha porta. Eu tinha um vínculo muito forte com meu pai, e ele faleceu num suspiro, de um infarto fulminante. Isso me abalou íntima e profundamente. Durante cinco meses, eu fui de Franca a Perdizes todos os finais de semana como se fosse encontrar o meu pai, como sempre de pé, junto à porteira. Eu até me afastei dos estudos espíritas, pois achei que o destino não havia sido muito justo comigo. As tais discussões com Deus...

Era a dor do luto e da perda. Eu sentia que estava perdendo a dimensão mais segura da minha vida. Era com o meu pai que eu conversava sobre minhas escolhas. Às vezes, eu falava, falava, e ele me dizia que não estava entendendo bem sobre o que eu falava, mas que, se eu deixasse o meu coração escolher, já seria uma boa atitude. Ele era tão meu companheiro que sempre estava ao meu lado nas visitas que eu tinha de cumprir nas lojas de Minas, só para me ficarmos juntos. A morte dele doeu fundo. Mesmo sabendo que todos nós temos uma data marcada para a própria partida, ninguém vem com carimbo de validade. Isso até que é bom. Se tivéssemos essa marca, alguns poderiam olhar para nós e dizer: "Ah, não! Não vou me relacionar com esta pessoa porque ela vai embora logo, e eu vou sofrer". Outros talvez pensassem: "Ah, não! Não vou me relacionar, pois ela vai durar muito tempo e é tudo muito imprevisível".

Foi uma viagem penosa de Franca a Perdizes. Fui a última a chegar ao velório, pois eu era a única que morava mais longe. Ainda assim, cheguei a tempo do Evangelho, de fazer uma prece com minha mãe e todos os meus irmãos. Neto, que ainda era pequeno, ficou o tempo todo no meu colo. Meu pai era uma pessoa extremamente querida. O cortejo que o levou ao cemitério congestionou a cidade. Foram quilômetros de carros. Parecia uma festa de gratidão de todas as pessoas que conviveram com ele. Meu sentimento era o de que estávamos devolvendo uma alma muito boa para o seu Pai celestial. Procurei amparar minha mãe e meus irmãos. A minha dor maior veio depois, quando eu não tinha mais meu pai para conversar, não podia mais encontrá-lo e deixei de atender às suas ligações. Mesmo quando ainda não havia telefone no sítio, ele ia até a cidade só para me ligar. Por algum tempo, o chão andou um bocado distante de meus pés, cabeça e coração.

Confrontada com essa saudade, agarrei-me a uma lembrança que, para mim, tem a força dos talismãs. Um ano antes, eu levara meus pais, mineiros até a medula, para conhecer o mar. Meu pai, que viajou muito pouco em sua vida, ficava admiradíssimo com o porte das construções nas rodovias. A tia Nenê havia conseguido a casa do sobrinho dela em Mongaguá, no litoral paulista. O Neto era um toco de gente. Esse foi um dos melhores passeios que eu fiz na minha vida. Meu pai era um roceiro e, quando viu a praia, rolou pela areia de encontro ao mar, como se fosse um porquinho. Ele ficou maluco e me perguntava, olhando encantado para o horizonte:

— Filha: onde é o fim? Onde é o fim?

Ele não tinha instrução, nunca havia visto um Atlas. No caminho para Mongaguá, eu tentava explicar para ele como era o mar. Vi nos seus olhos aquela espécie de nostalgia tão típica dos mineiros, um povo afeito às montanhas, ao se referirem ao mar. É grandeza. É mistério. É poesia. Foi um passeio maravilhoso. Ele, como sempre, levava as suas pinguinhas e convidava os vizinhos para beber. Ele sabia beber e nos ensinou a beber em casa.

— Se tiver que ficar tonto, fique em casa — ele dizia.

Meu pai, dono de uma sabedoria congênita, se divertiu muito nessa viagem. Às vezes, até parecia um menino. Infelizmente, não tive oportunidade de levá-lo novamente à praia. Mas pude levá-lo para conhecer os viadutos e os túneis do caminho, que ele tanto admirava:

— Isso é que é engenharia! Se eu pudesse, se tivesse tido a oportunidade de estudar, teria estudado isso.

Eu tenho muita gratidão pelas pessoas que me ajudaram a dar esse privilégio ao meu pai. Eu o levei para conhecer o porto e o aquário de Santos, e tudo para ele foi maravilhoso. Minha irmã Odete, seu marido João e as crianças também foram, e pudemos nos divertir bastante. Tenho muito orgulho de poder ter proporcionado isso a ele. À época, eu e a Odete éramos bem parecidas. Até hoje, se olho as fotos, só consigo nos diferenciar pela roupa.

Seis meses após sua morte, eu sonhei com meu pai. Ele estava sentado no pé da minha cama e me dizia:

— Filha! Agora chegou a minha vez, eu preciso ir embora.

Ele me levou, em sonho, para perto da fazenda onde nós sempre moramos. Não muito distante da casa, há um lugar de que eu gosto muito, num alto, de onde se avistam os vales. Ele me convidou:

— Vamos lá, para que eu possa partir.

Concluí que, a partir desta data, ele foi para o plano espiritual. Eu me conscientizei disso e aquela dor profunda deu uma boa aliviada. Meu pai me libertou do vínculo material que nos atava, mas até hoje eu sigo mantendo uma grande ligação espiritual com ele. Após sua "partida", eu consegui voltar para a minha espiritualidade, entender que a passagem dele havia sido essa e que os seus ensinamentos eram a sua melhor herança. Foi o que coloquei em prática dali em diante. A vida continuaria. Naquele período, eu já tinha uma condição financeira melhor e podia dar apoio à minha mãe e aos meus irmãos.

Antes que o novo milênio chegasse, outro acontecimento penoso colheu nossa família. No final de 1999, minha irmã Lúcia sofreu um acidente de carro. Ela estava com os dois filhos e o Enrique, que era meu afilhado, faleceu. Foi um baque terrível, pois nós éramos muito ligados. Durante a minha gravidez, eu o pegava no colo e ele reclamava que o Neto, "aquele menino na minha barriga", chutava ele. Meu filho cresceu com os primos. Eram três inseparáveis: o Enrique, o Tiago e o Neto. Brincaram muito e passaram várias férias juntos, em especial as de final de ano. Eles sempre vinham para Franca e, naquele ano, havíamos programado ir ao Beto Carrero World. As crianças estavam ansiosas por isso. O Neto tinha sete anos e o Enrique estava muito feliz, pois iria andar pela primeira vez de avião.

Mas, nesse meio-tempo, houve o acidente. A viagem, que estava marcada para janeiro, foi adiada para abril. Que tristeza viajar sem o Enriquinho... Tenho, para mim, que nenhuma dor se compara à perda inesperada de uma criança. Nossa família teve de se reconstruir novamente depois da partida de meu pai e de meu sobrinho.

Nessa mesma época, grandes mudanças aconteceram no consórcio Luiza. Em maio de 2001, a holding decidiu trocar as lideranças do consórcio. Antes disso, porém, colocou dois profissionais antigos de casa. Um deles era o Zezinho. Ele e o Palamoni haviam trabalhado juntos na contabilidade. Zezinho era uma pessoa de extrema confiança dos fundadores do grupo, em especial da dona Luiza Trajano e do senhor Pelegrino. O Eldo Moreno, até ali o meu líder direto, me disse então que iria me indicar para a direção do Consórcio Luiza. Segui o meu trabalho normalmente, pois não vivia daquela pretensão. Até que, um dia, o Eldo e a Luiza Helena me chamaram e disseram que haviam conversado e chegado à conclusão de que eu deveria ir para o consórcio, assumindo o comando da empresa. A felicidade me atravessou feito um raio-X. Eu não me continha de tanta alegria. Estava indo para Ribeirão Preto para uma reunião numa agência de publicidade. Fui gritando de felicidade durante toda a viagem. Colocava a cabeça fora da janela do carro, sentia o vento soprando e berrava: "Viva!!!".

Fui para o consórcio em junho, sem preocupações com o cargo que iria ocupar. Era uma realização profissional e, admito, um enorme desafio. Eu nunca havia liderado uma equipe tão grande. Por ocasião do anúncio, fui rejeitada por 90% dos funcionários, que achavam que eu faria do consórcio um departamento do Magazine Luiza. Os outros 10% tinham dúvidas. Conversei com o senhor Palamoni, que me deu plenos poderes para tocar a empresa. Meu primeiro passo foi conversar com todas as áreas, saber o que cada uma fazia e, principalmente, como fazia. Tive a humildade de ouvir o que cada um achava que poderia ser feito. Disso resultou um relatório de como a empresa estava e como eu achava que deveria e poderia ficar. Essa transição durou de junho a dezembro e, aos poucos, os funcionários foram percebendo que eu não estava lá com o intuito de mandar ninguém embora. É esse, no fundo, o grande medo difuso que a chegada de uma nova liderança desperta. Consegui dissipá-lo.

Fiz várias reuniões com a equipe para mostrar o valor do cliente e a importância da cultura cultivada no Magazine Luiza. Deixei claro a todos os colaboradores que o crescimento de cada um deles, pessoal e profissionalmente, era nossa prioridade, pois o sucesso de uma empresa é o resultado direto do desenvolvimento de cada um de seus funcionários e de seu alinhamento aos valores comuns. Nossos valores sempre levaram em conta, acima de tudo, o respeito às pessoas e sua singularidade. Fiquei como gerente até o final de 2001 e, em janeiro de 2002, fui nomeada diretora do Consórcio Luiza. A Luiza Helena comunicou que eu estava assumindo a empresa numa reunião comovente com os gerentes de loja – em que todos me aplaudiram de pé. Fiquei até sem jeito, mas radiante. Segundo eles, o consórcio estava agora nas mãos de uma pessoa do time, alguém de loja. Com isso, todos iriam vender mais consórcio, sim – e com prazer.

Um belo dia, no final de 2001, eu estava andando pelo shopping com a minha amiga Divina e o Neto, quando vi um quiosque da FACEF – Centro Universitário Municipal de Franca. Resolvi me inscrever para o vestibular de Economia. Eu havia desistido da Medicina lá atrás e, até então, um curso superior não me fizera falta. Dias depois, ao sair para uma viagem a trabalho, fui cumprimentada pelo senhor Murilo, porteiro do Magazine Luiza.

— Parabéns! — ele me disse.

— Parabéns por quê, seu Murilo?

— Olha aqui! Você foi uma das mais bem classificadas no vestibular de Economia!

Fiquei até emocionada, pois fazia 23 anos que eu havia parado de estudar, algo a que eu sempre dera muita importância, mas tivera de deixar pelo caminho. Pensei como eu daria conta de fazer uma faculdade, agora que estava assumindo um novo desafio profissional, viajando tanto e, é claro, com um filho pequeno para criar. Nesse ponto, o destino se manifestou claramente a meu favor. No final de dezembro desse mesmo ano (2001), o Banco Central emitiu uma instrução normativa, estipulando os requisitos para uma pessoa comandar uma empresa de consórcios. Ela deveria ser indicada pela empresa e aprovada pelo Banco Central. E, para isso, deveria ter experiência comprovada em consórcio e curso superior em Administração, Economia ou Ciências Contábeis. "Pronto!", pensei. "Não vou poder assumir a diretoria do consórcio, pois ainda não tenho o bendito diploma."

No entanto, considerando o meu currículo e os fatos de a empresa ter me indicado e de eu estar matriculada no curso de Economia, mesmo sem ter me graduado, o Banco Central me aprovou. Mesmo sem diploma, meu nome foi ratificado. É por isso que eu digo que tenho sempre um anjo da guarda que caminha ao meu lado. As coisas que eu faço intuitivamente quase sempre se revelam provas claras de que era isso mesmo que eu deveria ter feito.

Na minha percepção, o que faltava ao time do Consórcio Luiza era um vínculo consistente com a cultura do Magazine Luiza. E nós começamos a fazer o simples: tratar bem o cliente, os parceiros, os colaboradores, como prega a cartilha da casa. Eu gastava a maior parte do meu tempo com atendimentos a clientes internos e externos. Como muitos dos representantes contratados não compartilhavam nossos valores, passamos a fazer reuniões periódicas com eles, a fim de corrigir as práticas destoantes. Alguns tentaram me peitar, talvez por não aceitar que uma mulher os liderasse. Enfrentei-os. Muitos tiveram de pedir desculpas a clientes que haviam negligenciado. O propósito de todos, tanto da área administrativa quanto da comercial, era atuar como um só time, com o mesmo ritmo e pegada cultural.

O dia 8 de agosto de 2001 já era um marco importantíssimo em minha vida, pois é a data em que meu pai faleceu. Curiosamente, foi nesse mesmo dia que a Luiza Helena me ligou para contar que um cliente de Uberaba havia reclamado de um atendimento áspero do Consórcio Luiza e dito que quebraria seu

Cartão Ouro da Magalu. Investiguei. Ele fora mesmo tratado com desdém por uma de nossas atendentes. Meu sangue ferveu. Na mesma hora (15h30), mandei fecharem a administradora e convoquei todos para uma reunião. Disse que estava indo para Uberaba, a fim de resolver pessoalmente o problema daquele cliente. Pedi ao Zezinho que colocasse todo o seu foco e atenção no trabalho de atendimento aos clientes. Eu procurava estar sempre por perto.

Na Loja 5, de Uberaba, que era uma das maiores do Magazine, atendi o tal cliente, resolvi seu problema e o convenci a não quebrar o cartão. Em seguida, liguei para a Luiza Helena, a fim de tranquilizá-la. No dia seguinte, quando cheguei ao escritório, o senhor Palamoni me chamou. No caminho de sua sala fui me dando conta da loucura que havia feito, ao fechar a administradora no meio da tarde. Para meu alívio, porém, ele me disse que tinha me chamado para me dar os parabéns, pois a empresa precisava exatamente de alguém capaz de fazer o que eu havia feito. Eu ganhei força para fazer o muito que ainda restava. Essas mudanças não aconteceram de uma hora para outra e exigiram muito trabalho. Havia divergências entre representantes comerciais parceiros, que nem sempre resultavam em boas práticas. Eram comuns informações desencontradas para nossos clientes. Chamei alguns desses representantes comerciais e fui ameaçada com armas ou tentativas de suborno, mas reagi como sempre, dizendo que, naqueles termos, a conversa acabaria no departamento jurídico ou na polícia. Um deles saiu chutando a minha porta. Foi nesse clima que, em 2001, comecei a implantar a cultura e os valores do Magazine Luiza na empresa de consórcio do Grupo. Os funcionários foram gradativamente percebendo a diferença, compreendendo que podiam confiar em mim e, sobretudo, que eram capazes de fazer mais.

Comecei a fazer reuniões semanais com a holding (depois quinzenais e, por fim, mensais), para relatar os rumos de minha gestão. Quando cheguei, a empresa estava com resultados negativos e precisando tomar dinheiro emprestado para pagar os colaboradores. Foi um período muito difícil, mas começamos a dar lucro. Fizemos vários seminários. Minha prioridade era alocar os colaboradores nas áreas mais afinadas ao perfil de cada um, priorizando assim os seus pontos mais fortes.

Uma vez, três colaboradores (Érica, o Edvaldo e a Alcione) vieram à minha sala dizendo que queriam falar comigo. Eu já havia percebido que aqueles três tinham muito potencial. O Edvaldo era incrível nos relacionamentos. Nós tivemos muitos problemas com o representante de Ponta Grossa e ele, apesar de novinho, teve coragem de ir para lá, enfrentar a situação e resolvê-la em favor dos clientes. A Érica e a Alcione também eram novinhas, e o principal potencial dos três é que não tinham medo de falar e não tinham hora para trabalhar. Eles enrolaram um pouco a conversa, até me dizerem que percebiam que eu exigia mais deles do que dos demais da equipe. Achavam isso estranho. Eu disse que havia adorado a vinda deles, pois ela provava que eu estava corretíssima. Eu realmente estava exigindo mais deles, pois sabia que eles tinham mais a dar, tanto para eles mesmos como para a empresa. Aproveitei para elencar os pontos fortes de cada um. O trio saiu feliz da sala, pois todos sabiam que tinham esse potencial. Hoje, os três ocupam cargos de liderança. Cresceram, aprenderam e até hoje contribuem muito com a empresa.

Em 2004, o consultor organizacional Roberto Ziemer (que já era meu terapeuta) começou a participar conosco de eventos para que pudéssemos redesenhar a missão, visão e os valores da empresa. Foi um passo decisivo para nos fortalecer e chegarmos ao ponto em que estamos hoje. Os funcionários viram que o Consórcio Luiza começara a dar resultados, e que nós já não éramos tão dependentes do Magazine, nem da holding. Havíamos conquistado uma certa autonomia para resolver diversas de nossas questões internas. Eu sempre me esforcei para que as minhas decisões fossem democráticas. Sou uma líder servidora. Sempre fiz reuniões semanais com a equipe, além do rito de comunhão. Aproximei-me também dos representantes comerciais – embora, nesse caso, tenhamos demitido boa parte do grupo. Nesse período tive experiências riquíssimas. Fui ao Japão, representando a empresa, para receber um prêmio que conquistamos da Yamaha. Foi uma vivência incrível poder ter contato com executivos do Brasil inteiro e observar uma cultura totalmente diferente da nossa. Mais tarde, em 2019, fui para Orlando fazer um curso sobre atendimento na Disney. É maravilhosa a sensação do autoconhecimento nos proporcionando uma visão mais madura de nossos próprios propósitos. Foi a minha primeira viagem internacional sozinha. Fiz um certo malabarismo com o inglês. Neto até me deu parabéns. Ele estava em Boston a trabalho, e pudemos nos encontrar e curtir essa linda cidade juntos.

Eu conhecera o Roberto Ziemer em 2001, através do Marcos, e fiz alguns módulos do seu trabalho terapêutico. Ele deve ter se espantado com o meu tipo, pois eu era muito questionadora. Apesar de não duvidar, eu precisava me aprofundar. Em 2004, eu já havia absorvido bem a questão do autoconhecimento, até porque também fazia terapia individual (com a Marta Figueiredo). Em 2004, notei que o que o Roberto me falava fazia pleno sentido. Ele realizava um trabalho organizacional de grande impacto e, naquele ano, eu o levei para fazer o primeiro seminário na empresa. Foi muito interessante porque, no intervalo, muitos colaboradores vieram me dizer que aquilo era um horror, que as coisas que ele dizia soavam muito estranhas. Eu pedi para o pessoal ter um pouco de paciência. Quando ele encerrou o trabalho, no final do dia, tudo fez muito sentido para toda a equipe.

Desde então, Ziemer já fez inúmeros eventos para a empresa, principalmente, nas áreas de cultura e de valores. Nós o temos como referência, pois ele contribuiu muito para que mudássemos nossa cultura organizacional e teve uma participação decisiva na formação dos nossos líderes. No que me diz respeito direto, ele ajudou muito a me centrar como pessoa e a ter equilíbrio como líder. O Roberto é realmente um mestre. Tivemos vivências incríveis, de 2002 até hoje. Ele ainda é meu terapeuta, meu coach, meu guru e meu mestre.

"
Gente ao meu redor

"Sinto muita tristeza pelo fato de, quando a Edna começou a fazer sucesso profissional, o seu pai (o meu Antônio de Maria) ter morrido. Era à tardinha, e eu estava ouvindo a Ave-Maria do radinho de pilha. Depois de tomar café com os meninos, Antônio reclamou que estava com uma dor no queixo bem forte, que parecia dor de dente. 'Mas... como assim, se eu não tenho mais dentes e só uso dentadura?', ele perguntou. Foi o aviso, mas ele ainda esperou que passasse. Como a dor insistia, seguimos para o hospital de Perdizes. O médico, que estava jantando, voltou ao trabalho e se preparava para atendê-lo. Meu marido disse então que iria visitar um primo meu, que estava internado num dos quartos do hospital. Não deu nem três passos e caiu no corredor. O médico tentou "recuperar seu coração, mas foi em vão. Meu Antônio morreu às 18h20 do dia 8 de agosto de 2001. Ele tinha 67 anos. Eu tinha 16 anos quando nos casamos. Vivemos juntos por 43 anos. O velório foi na nossa casinha da roça, que ficou lotada de gente. Edna chegou para a leitura do Evangelho. Conheço muito bem minha filha. Ela estava arrasada. Que bom que, pouco tempo antes, ela nos havia levado para conhecer o mar. Meu Antônio não dizia a ninguém, mas morria de vontade de conhecer esse lugar onde as terras e as águas se encontram. Edna deu e ele esse presente."

Dona Maria Honorato, mãe

"Tive dois filhos, Emílio e Enrique. Ambos tinham uma intolerância severa à lactose. Naquela época era dificílimo encontrar leite de soja, e a Edna costumava trazer uma boa quantidade dele sempre que vinha a Perdizes, para saciar a fome de meus meninos. Edna foi a madrinha de Enrique. Um dia, eu os estava levando para Patrocínio, cidade próxima a Perdizes. Já na estrada, do nada, ouvi um baque surdo, e o carro, fora de controle, capotou. Enrique, infelizmente, faleceu. Eu agradeço todos os dias por isso ter acontecido comigo ao volante, e não com outra pessoa. Nem preciso dizer que "perdi totalmente o rumo. Edna, então, largou tudo e veio ficar comigo em Perdizes. Anos depois, Lázaro, meu marido, teve um câncer de medula óssea e precisou fazer um transplante autólogo (com a própria medula). Foi um período dificílimo. Edna me ajudou muito a enfrentar as marcas desse episódio. Não podemos comprar briga com Deus ou com o destino. Edna me ensinou muito sobre resignação e nossa capacidade de enfrentar as adversidades da vida. Com ela aprendi que certas dores são para sempre, mas que o tempo se encarrega de abrandá-las para que possamos seguir em frente."

Lúcia Antonia Borges, irmã

"Não falo isso por ser seu sobrinho. Mas tia Edna sempre foi uma espécie de anjo da guarda de nossa família. Ela nos proporcionou sonhos que, para uma família humilde como a nossa, eram absolutamente distantes e cheios de fascínios. Eu realço duas coisas com que ela nos presenteou, aparentemente banais hoje em dia, mas que, àquele tempo, eram um negócio de outro mundo. Pelo menos para nós, vindos da roça de Perdizes. A primeira foi ver o mar. A segunda, andar de avião. Nenhum de nós havia feito isso antes dela – e quase todos "acabaram fazendo depois, por iniciativa dela. A primeira dessas viagens ela fez com o Mozart, seu irmão caçula, quando foram para Maceió. Hoje, não há irmão, cunhado, genro, nora, sobrinho ou primo (sem falar em muitos amigos) que não tenha sido contemplado com um desses dois presentes. Meu irmão Enrique e eu, por exemplo, conhecemos o mar juntos, numa deliciosa viagem que fizemos a Caraguatatuba, no litoral paulista, patrocinada por ela. Quem é mineiro sabe que, para nós, o mar é um treco sério, pois não faz parte de nossa paisagem. Foi maravilhoso. Uma semana incrível, em que não faltaram alegrias. Tia Edna até tomou um pilequinho no quiosque da praia. Depois de alguns goles, ela praticamente assumiu o bar, preparando drinques para ela e a turma toda. Foi um momento muitíssimo divertido. Infelizmente, meu irmão Enrique morreu no final de 1999, pouco tempo antes de uma viagem ao Beto Carreiro World, em Santa Catarina, para a qual Edna o havia convidado. Seria em janeiro de 2000. Já estava tudo programado, mas tivemos de adiar por alguns meses. Por ironia, eu acabei indo no lugar de Enrique, experimentando a delícia de andar de avião pela primeira vez. Rolou até um certo estresse para que transferíssemos "os vouchers (que estavam no nome dele) para mim. Fiquei maluco com o voo. A aterrissagem em São Paulo, para pegarmos a conexão para Blumenau, foi tão linda que, para mim, a viagem poderia ter terminado ali que já estaria bom demais. Mas o restante foi ainda melhor. Divertidíssimo. Tia Edna não deixou ninguém da família sem um ou outro desses seus dois presentes, que eram anuais. Se alguém deixou de ir, decerto foi porque não quis. Tia Edna tinha a mesma preocupação profunda com a família do meu avô Antônio. Eu me lembro de que, quando eu era ainda bem menino, ele vivia chegando em casa na hora do almoço. Entrava, mexia as panelas e perguntava, matreiro. 'Huummm... Que cheiro bom! O que temos aqui?'. Mas ele nunca ficava para almoçar. Só depois compreendemos que ele fazia isso para se certificar de que não faltava alimento para ninguém. Vô Antônio era um paizão. Meu pai Lázaro gostava dele mais do que de seu próprio pai. Que saudades..."

Emilio Honorato Borges, 35 anos, sobrinho, filho de Lúcia

"Talvez por sermos nove irmãos, sempre tivemos, em casa, o costume de trocar presentes entre nós no Dia das Mães. Geralmente eram lembrancinhas, coisas de pouco valor, mas muito sentido. Em 2013, essa rotina mudou. Edna chegou a Perdizes e, na hora dos presentes, colocou uma pilhazinha de vouchers sobre a mesa da cozinha. Disse, então, que faríamos uma viagem, apenas as irmãs e a mãe. Nunca havíamos viajado juntas. Como Hosana e Adélia não quiseram ir, pois não se sentiam muito bem, Titia Eva assumiu um dos lugares. Fomos Odete, Lúcia, Titia Eva, a Mãe, Edna e eu. O destino era Gramado. Voamos de Ribeirão para São Paulo e de lá para Porto Alegre, onde pegamos uma van para subir a serra Gaúcha. Que maravilha! Alugamos um carro e fomos conhecer lugares lindos – a própria Gramado, cheia de passeios bonitos, chocolates e flores, Canela, Nova Petrópolis e a famosa Casa de Pedra, em que foi rodado o filme *O Quatrilho*. Como chovia, acabamos não visitando as vinícolas. Mesmo assim, o vinho rolou solto entre nós. Creio que poucas vezes na vida repartimos momentos tão felizes. Embora sejamos um tanto 'farofeiros', Edna esteve ao nosso lado o tempo inteiro, cuidando de cada detalhe e se divertindo um bocado

> com nossa mulherada. A lembrancinha da Edna no Dia das Mães foi uma semana inesquecível. Se não houver outra viagem, já estamos felizes com essa. Obrigada, minha irmã, por ter nos proporcionado essa alegria."

**Janei Adriana Honorato de Andrade,
irmã mais nova**

"Há cinco anos, aos 39 anos de idade, fui eleito reitor da FACEF, uma instituição municipal subsidiada pela Prefeitura e associada a outras faculdades do interior de São Paulo. Ali me formei em Economia no ano 2000. No seguinte, fiz mestrado e comecei minha carreira de docente, lecionando Introdução à Economia. Edna foi minha aluna em 2002. Cursou um ano. Ela estava com a carreira consolidada e financeiramente muito bem. Não precisava de um diploma. Mesmo assim, correu atrás. Foi uma atitude em que ela expressou, na prática, o que sempre defendera ao longo da vida: a pedagogia do exemplo. Que tremenda lição! Ela enriquecia muito as aulas com exemplos extraídos de sua própria vida e carreira. Eu trazia os elementos teóricos e Edna o seu vasto conhecimento de mundo e do dia a dia das organizações. Ela traduzia a dimensão

> prática das questões discutidas em classe, estimulava os alunos e redobrava a minha confiança. Os jovens a rodeavam. Todos queriam fazer parte de seu grupo. Ela me fazia bem e eu a ela. Seu engajamento com a faculdade durante esse ano foi absolutamente fascinante. Mesmo que por um curto tempo, Edna marcou a minha vida e a de muitos ex-alunos. Ela é um exemplo de amor em movimento."
>
> **José Alfredo de Pádua Guerra, 45,**
> **reitor da FACEF**

"Eu era gerente do Banco do Brasil em Franca e, em 1994, o senhor Palamoni me convidou para trabalhar no Magalu. Foi a melhor escolha que fiz em minha vida. Tive dois professores espetaculares: a Luiza Helena e o próprio Palamoni. Quase toda a minha formação devo a eles. Negociávamos, então, com o Consórcio Alvorada a possível implantação de uma operação de consórcio em nosso grupo. Mas, em vez de vir essa empresa para realizar o trabalho, veio a Edna, que era sua cotista minoritária. Sua missão era expandir as vendas de consórcios dentro de nossas lojas. Ela se atirou de corpo e alma nesse desafio e treinou praticamente toda a nossa força de vendas. Isso

" reforçou nossa percepção de que deveríamos implantar nosso próprio consórcio. O diagnóstico foi o de que essa área precisava de alguém que respirasse a cultura do Magalu, de modo a intensificar a sinergia entre as empresas. Edna, apaixonada por consórcios e conhecedora profunda de seus meandros operacionais, exibia exatamente esse perfil."

Carlos Renato Donzelli, diretor executivo da holding Magalu

"Quando Edna chegou ao Consórcio Luiza, todos ficamos assustados com o seu ímpeto e a sua veemência. Mas, na verdade, ela estava estendendo para a operação de consórcios os valores que norteiam o grupo Magalu. Pouquíssimo tempo depois, ela recebeu de Luiza Helena a notícia de que um cliente fora tratado asperamente por uma de nossas atendentes. Edna agiu imediatamente. Pediu que fechassem as portas da empresa às 15h30 da tarde e convocou todos os colaboradores para uma assembleia, em que ela discorreu sobre a importância crucial de termos o foco no cliente. Foi um divisor de águas, após o qual as pessoas se conscientizaram da importância do atendimento e do foco total no cliente em todas

" as suas etapas. Essa reunião foi uma espécie de parto da cultura organizacional que o Consórcio Luiza assumiu dali para a frente. Também no início de sua gestão, tivemos problemas com um representante comercial de Ponta Grossa. Ele vendia bastante, mas com baixa qualidade. Edna decidiu me enviar como uma espécie de interventor no negócio. Eu tinha apenas 22 anos e era meio bicho-grilo. Foi meu batismo de fogo. Passei dois meses e meio no Paraná, sempre impulsionado por ela. 'Você só vai voltar quando contratar uma pessoa capaz de fazer bem o que você está fazendo', ela me disse um dia ao telefone. Foi ali que descobri a minha vocação comercial e nunca mais me afastei dessa área."

Edvaldo Santos Ferraro, 46, gerente executivo comercial de consórcios

"Edna veio para o Consórcio Luiza com um duplo desafio. Primeiro, deveria convencer os vendedores a acreditarem no consórcio, pois havia toda uma cultura preexistente em que essa modalidade de vendas era vista com descrédito ou desconfiança. Além disso, ela precisava munir esses vendedores de argumentos de venda sólidos o bastante para convencer os seus clientes. Foi "aí que ela começou a mostrar sua força. Edna foi a responsável pelo treinamento e capacitação de toda a força de vendas. Saiu pelo Brasil, educando os funcionários das lojas e os representantes comerciais. Com paciência, dedicação e o suporte das equipes, ela conseguiu colocar o consórcio entre os produtos de destaque da empresa. A cultura, 30 anos atrás, era muito machista. Luiza Helena era uma exceção, pois praticamente foi criada no ramo, mas muitas outras mulheres tinham de provar diariamente a sua capacidade. Edna rompeu essa barreira ao trazer uma cultura em que o desenvolvimento pessoal e espiritual se sobrepôs às questões de gênero. Os resultados, que apontavam um fortíssimo crescimento do segmento de consórcio, provaram: ela não estava de brincadeira."

Regina Junqueira, 58 anos, amiga e ex-colega de trabalho no Magazine Luiza

"É comum que as depiladoras, como eu, tenham um contato mais próximo com suas clientes. Afinal, estamos num ambiente exclusivamente feminino, o que estimula a proximidade. Às vezes, nosso trabalho é próximo do de um psicólogo. Foi assim, entre sessões de depilação e modelando "suas sobrancelhas, que Edna e eu criamos uma amizade. Nem sei dizer quantas vezes ela me estimulou, dizendo: 'Menina, você precisa abrir o seu próprio negócio!'. Um dia surgiu uma oportunidade, pois achei um lugar bonito para o salão. Liguei para a Edna e disse: 'Encontrei o ponto, mas estou insegura...'. A resposta dela foi: 'Você já sabe o que eu penso sobre isso. Você é capaz, além de excelente profissional. Vá em frente!'. Foi quando abri o Centro Estético Lúcia. Edna ainda disse: 'Você vai precisar de um fiador, pois seus pais não são da cidade. Posso fazer isso...'. E fez! Era 2005. Fiquei 11 anos nesse endereço e depois mudei para outro na mesma rua, onde atendo até hoje. Edna faz comigo a sobrancelha, que eu só acerto, pois já são modeladas há muito tempo, e depilação. Na hora de usar a cera, às vezes ela diz: 'Ai... Larga de ser chata, de ser ruim, sô...'. Certa vez, logo no começo de meu salão, ela estava depilando as pernas. Tocou telefone. Era a imobiliária, criando algum problema com a documentação do imóvel. Terminamos a depilação, Edna me pagou e fomos direto à imobiliária. Em cinco minutos tudo estava resolvido. Coisas de uma segunda mãe, que é exatamente como costumo chamá-la."

Maria Lúcia de Souza, 60 anos, depiladora

"Com 14 anos, fui trabalhar como empregada doméstica com a dona Maria (mãe de Edna) na fazenda de Perdizes. A Mariza, uma amiga minha, trabalhava, então, com a Edna em Franca. Ela veio embora, e dona Maria me perguntou se eu queria substituí-la em Franca. Eu trabalhava, e meu pai não me deixava estudar à noite. Havia deixado a escola na 4ª série. Fui, fiquei um ano, mas voltei a Perdizes. Fiz mal. Deveria ter ficado. Um dia contei ao senhor Antônio, pai da Edna, que estava arrependida. No fim de semana seguinte, Edna já estava em Perdizes para me levar de volta. Quando comecei o ensino médio, ela me disse que, caso eu fizesse faculdade em Franca, ela arcaria com os meus estudos. Fiz Publicidade e engatei uma carreira em vendas. Enquanto eu fazia a faculdade, Edna trouxe minhas irmãs Janaína e Hélia, para trabalhar em sua casa. Eu já vivia fazia 11 anos com a Edna quando nós três alugamos um apartamento para morarmos juntas. Comecei a trabalhar numa empresa de consórcios, a Francauto. Como ganhava muito pouco, um dia pedi arrego. 'Edna: tem um emprego no Consórcio Magalu?'. Tinha. Comecei na área de atendimento. Eu namorava o Leonardo, que viria a ser o pai de Raul, nosso filho de cinco anos. Mas a Janaína e "a Hélia voltaram para Perdizes. Sozinha, o sonho perdeu o gosto. Decidi ir embora também. Mas eu me gelava de medo de contar isso à Edna. Um dia, com ela no carro, criei coragem e disse tudo, esperando uma dura resposta. Edna apenas riu e disse: 'Vai! Case-se e arrume um cachorro e um gato. Você tem de fazer aquilo de que você gosta, seguir o que seu coração pede'. Obedeci rigorosamente. Até o cachorro e o gato arrumei."

**Olgair da Silva, 43 anos,
ex-empregada, amiga de Edna**

"Em 2002 fui convidado para coordenar e facilitar um grupo focado em desenvolvimento pessoal e liderança em Sertãozinho, cidade do interior paulista, vizinha a Ribeirão Preto. Naquela época, era uma das minhas principais atividades: desenvolver indivíduos e equipes. Seu então marido, Marcos Piccinini, que já integrava o grupo, foi quem a convidou. Foi quando nos conhecemos. À medida que aprofundávamos o trabalho pessoal, a Edna percebeu a importância de transpor esse aprendizado para a sua organização, o Consórcio Luiza. Logo percebi que Edna tinha uma conexão fortíssima com as pessoas, buscando construir relações fortes com base na empatia, tanto com "funcionários quanto com clientes. Creio que nunca haviam feito nada semelhante no Consórcio Luiza. Foi, portanto, a primeira imersão reflexiva sobre a identidade ou cultura desejada pela empresa com foco em valores. Como ponto de partida, realizamos uma pesquisa entre todos os colaboradores para mapear os valores pessoais, a cultura atual e a cultura desejada para a companhia. A seguir, traduzimos esses resultados em declarações de missão e visão, e definimos os valores e comportamentos centrais que iriam sustentar essa nova cultura – os vetores para a implementação de uma nova mentalidade organizacional. Simultaneamente, começamos a capacitar as lideranças, pois elas são as responsáveis por comunicar e disseminar a cultura desejada entre os colaboradores. Para tanto, era preciso alcançar um alinhamento dos valores e comportamentos entre os líderes e seus colaboradores. Esse trabalho durou até 2010, pois, como o negócio crescia com rapidez, era necessário fazer ajustes na relação entre estratégia e cultura. Além disso, os novos colaboradores precisavam ser inseridos na nova cultura. Desde o início, Edna entendeu que esse é um projeto que, para dar resultados, precisa de um investimento de médio e longo prazos. Com o tempo, o trabalho

" de alinhamento com a cultura desejada começou a dar frutos, e a Edna teve uma participação decisiva nessa conquista. Mas não sem desafios. Ela mesma, para se alinhar a essa nova cultura, teve que mudar alguns de seus comportamentos e crenças. Foi um exercício não só de construção de um novo perfil, mas também de fortalecimento de seu equilíbrio pessoal para que pudesse liderar as mudanças que buscávamos. De certa maneira, enquanto promovíamos a nova cultura do Consórcio Luiza, Edna também teve de reinventar-se como líder. Ao entregar-se a esse exercício, ela tornou ainda mais salientes muitas de suas qualidades. Tomo a liberdade de enumerar algumas. A perseverança em seu desejo de avançar. Seu otimismo, que se manteve invariável diante dos altos e baixos a que ela esteve exposta durante todo esse processo. Sua resiliência, que lhe permitiu mudar alguns aspectos de seu estilo de liderança, o que a fortaleceu como gestora. Esses atributos contribuíram decisivamente para o êxito da transformação que estava em marcha. Mas é preciso lembrar que outra qualidade evidente da Edna é saber se cercar de pessoas íntegras e competentes – o que significa que o sucesso da empresa é também um reflexo do esforço, dedicação e "competência do time sob sua liderança. Nesse processo, ela se mostrou extremamente intuitiva para identificar pessoas com potencial acima da média e humilde o bastante para contratá-las, sem medo de que elas viessem lhe fazer sombra ou ofuscar a sua liderança. Por fim, algo já notório. Edna possui uma visão humanista e espiritualizada da vida e das relações interpessoais. Por causa disso, ela é dotada de uma preocupação genuína com a dimensão humana das pessoas à sua volta, tanto os colaboradores quanto os fornecedores e clientes. Nesse e em muitos outros aspectos, ela foge por completo à figura de um executivo clássico. É uma gestora que consegue conciliar a tenacidade e a empatia, mesmo em situações adversas. Foi também essa capacidade, aliás, que deu significado e propósito ao seu trabalho e carreira, fazendo com que sua motivação e otimismo não se perdessem, principalmente nos momentos mais difíceis. Esse traço é crucial para entender a personalidade de Edna não só no trabalho, mas ao longo de toda a sua vida."

**Roberto Ziemer, 65 anos,
consultor organizacional**

CAPÍTULO 7
Verdade, exemplo e respeito

NUNCA ESCONDI DE NINGUÉM. O MEU SONHO SEMPRE foi ser pedida em casamento e ganhar um colar de pérolas. Em outubro 2001, o Marcos já havia se casado e separado rapidamente e, com o fim desse matrimônio natimorto, resolveu me procurar novamente. Convidou-me para almoçar e, durante o encontro, me pediu em casamento e me deu um colar de pérolas. Mas, de novo, queria impor certas condições. Nós dois choramos a tarde inteira naquele restaurante, e eu nem sabia se chorava pelo colar de pérolas ou se por ter falado novamente não para uma pessoa que eu amava tanto e com quem queria me casar. Para mim, o amor não impõe condição. Eu queria me casar com ele só se fosse numa relação legal. Ele foi embora dizendo que eu poderia ficar com o colar. Ficou bravo, sugeriu que eu o vendesse para fazer minhas campanhas de benemerência lá no Centro. Eu disse que não queria colar nenhum, e ele saiu dizendo que iria jogá-lo no rio.

Passados alguns dias, ele procurou minha amiga Divina e disse que tinha feito tudo errado e queria saber se eu conversaria com ele novamente. Mas, na verdade, a gente nunca parou de conversar, pois ele, antes de tudo, era o pai do meu filho. Em novembro, o Marcos passou lá em casa para pegar o Neto para um passeio e me convidou para almoçar com eles. Eu disse que não iria. Ele, muito criativo, me ligou para pedir que eu fosse buscar o Neto no shopping, pois ele e seu filho Marcos Augusto já iam embora após terem almoçado com o Neto. Foi a estratégia para conversar comigo. Trocamos ideias por umas duas horas e nos entendemos. Firmamos o compromisso de que, a partir dali, teríamos uma nova relação, sem impor condições de qualquer natureza.

Foi um processo de muito aprendizado. Eu tive de redirecionar muitas coisas porque, em função de todas as idas e vindas que eu vivera com o Marcos, minha família tinha receio desse relacionamento.

Mas o problema não era apenas do Marcos. Era meu também, pois enquanto eu buscava a minha realização profissional, nunca assumia a nossa relação verdadeiramente. Hoje eu vejo que não é a mulher ou o homem quem faz o casamento. O casamento é uma plantinha que precisa ser cuidada pelos dois. Assim que resolvemos que ficaríamos juntos, a nossa primeira conversa foi com o Neto, depois com as crianças dele e, por fim, com a minha mãe, pois meu pai já havia falecido. Ficamos casados de 2001 a 2012. Foram os anos mais felizes de minha vida.

Profissionalmente, de 2002 a 2003 enfrentei um grande desafio. Eu havia assumido a diretoria no Consórcio e estava aprendendo muito. Mas uma coisa é a teoria; outra, a prática. Meu casamento também era novo. Meu filho, um pré-adolescente, agora tinha o pai em casa conosco. Ironicamente, nessa fase, eu fui acometida por um processo alérgico muito intenso. Além das alergias, tive também enxaquecas muito fortes. Acredito que tenha sido uma crise de fundo emocional. Como eu já estava na terapia, passei a avaliar algumas questões de meu comportamento.

Eu carregava comigo uma frase de meu pai, que sempre me dizia que eu não nasci para me casar e que sempre teria a minha independência. Presumo que, quando eu assumi o casamento com o Marcos, esse potencial conflito veio à tona e minha forma de externá-lo foi através da alergia, que fazia com que meu rosto inchasse. Por incrível que pareça, não tomei nenhum remédio. Apenas segui com a terapia, pois sabia que tanto o casamento quanto a independência eram sonhos meus. Realmente, depois de muitas sessões e trabalho de autoconhecimento, uma a uma, essas manifestações psicossomáticas desapareceram: as dores de cabeça e nas costas, a bronquite e as alergias.

Mas foi um duro encontro comigo mesma. Consegui, então, compreender que eu sou a única responsável tanto por meu sucesso quanto por minhas dores e dificuldades. Isso foi libertador. Percebi que tenho o livre-arbítrio para escolher, mas também a responsabilidade de assumir as consequências das minhas escolhas. Também compreendi com clareza que a culpa me paralisava. Se hoje me deparo com uma escolha que não foi legal, que dê espaço à culpa, eu paraliso novamente. Mas, se eu assumo a responsabilidade por minha escolha, sei que sempre terei uma nova ação capaz de mudar o caminho e corrigir os resultados.

Não levou muito tempo para que o Consórcio Luiza alcançasse resultados positivos. Nas avaliações, o meu índice de rejeição, que na minha chegada era de 90%, começava a se inverter. A Edna, que era taxada de teimosa, de exigente, passou a ser vista como desafiadora. Eu encorajava as pessoas a ir em frente, a dar conta, e elas perceberam que eu estaria ali para apoiá-las. Eu fazia isso com ações bem simples. Como nesse episódio com o próprio Edvaldo, um dos três jovens líderes promissores que me haviam me procurado na sala:

— Você vai a Ribeirão Preto resolver isso aqui — eu lhe disse.

— Ah... Mas eu nunca dirigi na estrada...

— Mas você dirige bem aqui em Franca. Pode ir... Se for o caso, eu vou atrás de você. Mas pode ir que vai dar certo.

Uma vez fomos de Campinas para Pouso Alegre, em Minas, com o Edvaldo dirigindo. De repente, eu pergunto:

— Edvaldo, aonde você vai?

— Vou pegar um caminho alternativo.

— Pois então volte, que esse seu caminho alternativo vai para a praia, e o nosso destino é o sul de Minas.

O Edvaldo, hoje, é um líder que sempre encontra alternativas para resolver os problemas. Buscar caminhos alternativos não significa escolher o caminho errado. Significa que existem outras maneiras de se chegar ao objetivo. E se o objetivo alcançado não for o que era bom para mim, pode ser que seja bom para você.

Outra das coisas memoráveis que aprendi, essa com a Luiza Helena, foi que não se deve ter intimidade com os funcionários, pois ela pode se transformar num obstáculo quando precisarmos dizer o que deve ser dito e fazer o que deve ser feito. Luiza dizia:

— Tenha um bom relacionamento, mas nunca durma no mesmo quarto com a sua equipe.

Outro avanço foi passar a entender que eu só posso contratar alguém que eu possa mandar embora. Porque é necessário poder avaliar, dar o feedback e, se necessário, demitir. Se contrato alguém que eu não possa demitir, não estou contratando um colaborador, mas proporcionando a ele um cabide de emprego. Sempre que vou dar meu feedback, começo pelos pontos positivos, pelo que aquela pessoa tem de bom, pois todo mundo tem traços favoráveis. A pessoa pode estar na área errada, na função errada ou com o líder errado.

Pode, também, não estar se sentindo bem naquela função. Ou naquela empresa.

Outra postura vital é saber ouvir. Eu demorei muito para aprender a ouvir, e até hoje não sou uma boa ouvinte, pois falo muito. Às vezes, a pessoa começa a falar e eu termino a frase para ela. Eu tenho feito um grande exercício nesse sentido, pois creio que um bom feedback é quando ouço o outro direitinho. O feedback tem de ser verdadeiro, e o líder tem de ter a coragem de falar com muita autenticidade o que o liderado precisa ouvir. O feedback é uma ferramenta de contribuição com o outro. Ele gera autoconhecimento e crescimento.

Quando nós começamos a trabalhar oficialmente com o Roberto Ziemer, em 2004, todo mundo tinha dificuldade para citar os seus pontos fortes e aqueles a melhorar. É preciso ser autêntico, falar a verdade com carinho e amorosidade. Desculpem a expressão, mas ninguém merece o chamado "fode-back"– aquela avaliação com data marcada, semestral e fria como gelo. Não é assim. Sempre que uma pessoa fizer algo relevante, positivo ou negativo, ela deve receber seu feedback de imediato.

É como educar um filho. De nada adianta deixá-lo de castigo um dia ou dois depois de sua peraltice. Isso ele não vai entender. Funciona da mesma forma com o seu colaborador, com o seu par e até com o seu líder. Se algo não foi bom para as partes, é preciso abordar esse tópico com clareza. Houve um episódio significativo dessa importância comigo, naquele período em que os novos grupos de consórcio estavam suspensos e a empresa passava por uma reestruturação. Eu fui convidada a assumir o posto de Supervisão de Vendas. Na época, seria uma regional do Magazine Luiza, com um determinado número de lojas que eu iria liderar. Entretanto, um gerente de vendas que já tinha uns 30 anos de casa foi ao Eldo, nosso diretor, dizer que não aceitava ser equiparado a mim, já que ele também assumiria uma regional. Foi um gesto de menosprezo.

O Eldo veio falar comigo e disse que precisava recuar do convite, mas me manteve como compradora. Disse a ele que achava que um gerente não poderia tomar uma atitude como essa, que atingisse um colaborador que sequer era, ou seria, liderado por ele. Ele havia manifestado sua dor e eu não poderia dar o meu feedback para ele. Eu disse ao diretor que não ficaria magoada, pois o importante para mim era continuar lá, empregada. Eu não assumi a regional, mas, em menos de seis meses, fui convidada para algo bem maior: assumir a empresa de consórcio. Hoje, eu sou muito amiga desse profissional. Ele não está mais no Magazine, mas eu aprendi muito com ele também. Anos depois, nós conversamos sobre esse episódio e ficou tudo bem. Feedback, para mim, também é isso. Você ficar calado até a situação melhorar e surgir a oportunidade de uma conversa mais clara e assertiva.

Sempre tive uma lição clara em minha mente: "O que eu não controlo me controla – e o outro eu não controlo". É comum que, em nossas expectativas, acreditemos que o outro tende a pensar e agir como nós. Não é bem assim. Cada um vem de uma cultura, formação e experiências únicas. É inútil querer ajustá-lo aos nossos conceitos. Respeitar a opinião do outro é uma atitude de gente que gosta de gente. Nada que a regra de ouro não deixe claro: "Faça aos outros o que gostaria que fizessem a você".

Quando fui convidada pela holding para ser a diretora do consórcio, em 2002, o Zezinho já trabalhava no grupo Magalu havia muitos anos. Ele entrou bravo na minha sala, inconformado com o fato de eu ter sido promovida para o cargo, e não ele. Eu olhei bem para ele e, com todo o respeito, disse que não havia pedido para ser diretora. Disse que, como ele trabalhava havia tantos anos na empresa, poderia dizer aos diretores que quem merecia assumir a diretoria era ele, e não eu. Disse ainda que eu não tinha a obrigação de ouvir os seus desaforos, que fosse reclamar à direção do grupo. E se caso ele voltasse e me dissesse que seria ele o diretor, eu iria aceitar sem problemas. Mas que, por favor, fizesse isso imediatamente.

Ele foi... Ficou reunido com a diretoria por um bom tempo e, depois, voltou. Disse que tivera uma boa conversa, que eles haviam explicado e que estava tudo bem. Passado algum tempo, o Zezinho voltou à minha sala para me dizer que a pessoa que deveria ter assumido a diretoria era mesmo eu, que ele não daria conta de fazer o que eu estava fazendo. Nós seguimos trabalhando juntos. Hoje, ele está fora da empresa há mais de 10 anos, mas é uma pessoa por quem eu nutro amizade e que não ficou com raiva de mim. Quando ele quis sair da empresa para se mudar para Ribeirão, eu procurei ampará-lo da melhor forma possível. Um de nossos diretores me disse que eu estava fazendo para o Zezinho o que a empresa não costumava fazer para ninguém e, provavelmente, não faria nem para mim mesma. Eu respondi que estava fazendo aquilo por ele, e não para que alguém depois fizesse o mesmo por mim. Conversas claras, quando a gente sabe o que quer, mesmo que o outro não ache que possamos contribuir, também é uma forma de feedback.

Outro exemplo que merece registro brotou quando fizemos algumas restruturações. Foi um processo com muito trabalho de dinâmicas, autoconhecimento e formação de lideranças. Não foi preciso demitir muita gente, e a equipe começou a perceber que, mais do que líder, eu era uma aliada que queria o bem de todos. Uma das decisões foi levar a área financeira e contábil do consórcio para a holding, para ser compartilhada e, assim, diminuir os custos. Um dos nossos funcionários da área financeira, o Samuel, não admitia a mudança de área, pois estava ali havia muitos anos e era a única coisa de que ele gostava e sabia fazer. Conversamos, ele se negava a sair e ficou numa tristeza muito grande. Chegou a parar de se alimentar e até passou mal durante um dos ritos de comunhão. Eu disse que ele poderia experimentar todas as áreas, ficando um pouco em cada uma, para então escolher aquela em que se sentisse melhor para trabalhar.

Ele topou essa experiência. Mas, dois dias depois, voltou à minha sala e reiterou seu pedido de demissão. Perguntei se ele já tinha outro lugar para trabalhar e ele me respondeu que não. Então eu disse que não aceitaria o pedido, porque ele não conseguiria outro emprego para ganhar o que ganhava lá, fora que tinha dois filhos para sustentar. Eu só apoiaria a sua demissão quando ele tivesse encontrado um emprego tão bom ou melhor que o atual. E, enquanto isso, que ele voltasse à busca pela área em que poderia melhor se adaptar. Nós estávamos precisando de alguém na área de seguros. Ele experimentou, criou gosto e hoje é uma liderança da empresa. Uma boa conversa e um bom relacionamento são importantes onde quer que você esteja. Um papo claro é sempre o melhor remédio para qualquer dúvida.

A fórmula se aplica às relações pessoais. Tenho uma passagem curiosa que ilustra essa importância. Nessa mesma época, eu e o Marcos fomos para o sítio e eu tinha um assunto para tratar com ele. Não me lembro exatamente qual, mas era uma DR (discussão de relacionamento), como o pessoal diz. Nós jantamos, tomamos um vinho, mas ele não queria tocar no tal assunto. Disse-me que ia tomar dois Lexotans e dormir. Fez isso e foi se deitar. Também me deitei, fingi que estava dormindo e notei que ele volta e meia se levantava para ir ao banheiro. Foi assim praticamente a noite inteira. No dia seguinte, ele me disse que havia tomado dois Lactopurgas em vez dos Lexotans. Então eu aprendi que, quando a gente se nega a uma boa conversa, muitas vezes passa uma noite sem dormir. Ou porque a mente vai ficar atormentando, ou porque vai acabar tomando o remédio errado.

Talvez por causa de minha própria trajetória amorosa ziguezagueante, há uma coisa que eu faço para todas as grávidas, sobretudo as do escritório. Assim que sabemos da gravidez, a chamamos para lhe entregar um anjo da guarda, a mesma imagem que minha mãe usava no nosso quarto lá na roça, para proteger suas crianças. Aproveito para conversar com elas sobre a criação dos filhos. Não existe receita para isso. Eu sempre digo que a melhor maneira de criar um filho é "VER" o filho. Ver com o V de verdade, o E de exemplo e o R de respeito ou religião. Nós, pais, damos ao filho o óvulo e o espermatozoide, que compõem a sua parte física, mas temos o compromisso de zelar por seu sustento e de lhe oferecer o exemplo para que esse ser sobreviva até que aprenda a se virar sozinho. Uns conseguem isso mais cedo, outros demoram... É preciso que os pais entendam que os filhos têm sua própria vida e o livre-arbítrio. É como dizia o poeta libanês Khalil Gibran, em seu poema *Os Filhos*. Nós somos o arco e nossos filhos, as flechas. Você dá o melhor de si para lançá-las. Uma vez lançadas, porém, elas escolherão o próprio caminho.

Certa vez, numa conversa com uma amiga, ela me falava da ingratidão do filho. Ela queria que ele fizesse determinada coisa, mas ele não concordava. Eu sempre brinco que tive a sorte de ter tido um menino. Se tivesse sido uma menina, eu iria insistir para que ela fizesse balé. Mas e se, em vez de balé, ela quisesse jogar futebol na várzea? Na conversa com aquela amiga, eu aprendi que nós podemos sempre estar ao lado dos nossos filhos, dando exemplos e dicas. Mas eles têm a própria vida e não somos nós, os pais, que iremos defini-la.

Do mesmo modo, ao liderar uma equipe, é preciso ter o propósito de "VER" os seus liderados. Nunca faltar com a verdade ao se relacionar com eles, ser um exemplo e respeitar seus conhecimentos, suas ideias, limites e anseios. Eu posso ter um liderado que gosta muito de mim, que gosta muito da empresa, mas, de repente, o que ele quer para a vida dele não está nem em minha liderança nem na própria empresa. Então, eu também não posso ter esse apego, querer mantê-lo comigo e na empresa para sempre. Muitas vezes, o colaborador sai da companhia, vai para uma outra área ou para um outro setor e, ainda assim, pode contribuir muito conosco, a empresa pela qual ele passou. Ele pode ter ido trabalhar num parceiro e carregar consigo os nossos valores, a nossa essência. Ele é uma sementinha de ipê. Ou melhor, de nosso IPE (inspiração + propósito + execução) que plantamos e que vai dar flores em algum outro lugar.

No dia 7 de julho de 2003, quando a Janaína, filha do Marcos, completou 17 anos, me pediu que fizéssemos um almoço para ela no sítio, de fogão a lenha, pois ela queria nos apresentar o Haroldinho, seu namorado. Como pai (e potencial sogro), Marcos ficou todo azedo, mas eu apaziguei a situação, dizendo que a menina já estava na idade de namorar. Enquanto eu escolhia o feijão, ela me disse que, quando recebesse o sítio como herança, gostaria de transformá-lo numa casa de recuperação para dependentes químicos.

Nesse mesmo dia, Janaína nos pediu uma mamoplastia de presente. Ela e a mãe escolheram quem faria a cirurgia: o doutor Carlos Eduardo, discípulo e residente do doutor Otto Adão, cirurgião plástico de Uberaba. Certa vez, o doutor Ivo Pitanguy disse que, se tivesse que fazer uma cirurgia plástica, faria com o doutor Otto Adão. Ela fez a cirurgia numa terça-feira e sairia do hospital no dia seguinte, pois estava em ótimo estado clínico. Mas ninguém se lembrou de avisar isso ao destino. Na própria quarta-feira pela manhã, ela entrou subitamente em coma e faleceu no sábado. Foi um baque devastador para todos, especialmente para o Marcos e eu, pois, além da dor da perda, tínhamos o peso de saber que ela morreu por um presente que nós lhe havíamos dado. Ficamos no triste balanço do luto, nos apoiando uns aos outros. A terapia e a espiritualidade foram fundamentais para que conseguíssemos seguir em frente, sem perder a força, a coragem e a confiança nas pessoas e em Deus. Como eu já vinha fazendo os meus trabalhos de autoconhecimento e espirituais, procurei abordar, de um modo mais assertivo, questões como o amor incondicional, a vida eterna e o porquê de estarmos novamente passando por uma fatalidade. Foi uma nova imersão em mim mesma.

Já um tanto refeitos do choque, no final do ano, Marcos e eu decidimos nos casar. Houve, então, uma feliz coincidência. Nós sempre participávamos juntos dos seminários regionais da UniPaz. Anualmente, era realizado, em Brasília, um grande encontro a que compareciam membros de todas as seções do país. Ele era coordenado por Jean-Yves Leloup, escritor, padre ortodoxo e psicoterapeuta. Eu o considero uma espécie de Jesus na Terra. Como já estávamos inscritos, Marcos não quis desistir e sugeriu que nos casássemos durante o evento, pois muitas uniões e batizados eram realizados no seu encerramento. Foi uma cerimônia bonita, em que trocamos as coroas que havíamos confeccionado ao longo do seminário. Foi uma maneira de selar nossa união no plano divino, como desejávamos. Fomos só nós dois para o seminário. Eu nem pensei que poderia ter levado meu filho Neto ou minha mãe Maria. Ambos me cobram isso até hoje. Mas... enfim, casados. A lua de mel foi pulverizada em várias pequenas viagens, finais de semana e inúmeros momentos tranquilos que passamos juntos nos anos seguintes.

Em abril de 2005, quando Marcos estava concluindo sua segunda faculdade, de Psicologia, ele teve um sonho, e nós deduzimos que era a Janaína nos lembrando daquele seu pedido: de criar uma clínica para dependentes químicos no sítio de Cássia dos Coqueiros. Ali começamos uma das grandes batalhas de nossas vidas. Doamos a nossa casa do sítio. Defronte a ela, tínhamos um espaço onde produzíamos embutidos (bacon, linguiça calabresa, lombo defumado). Doamos tudo, reformamos, fizemos o estatuto e, em maio de 2006, a Amarja recebeu o seu primeiro aluno: um senhor chamado Marcos.

Depois disso, fomos atrás de verba do setor público e descobrimos que precisaríamos ter a aprovação da Vigilância Sanitária. Como o sítio ficava no município de Cássia dos Coqueiros, tivemos de ir a Ribeirão para obtê-la. E aí começou a saga. A Vigilância Sanitária de Ribeirão veio fazer as inspeções, aprovou o refeitório e as salas de terapia, mas reprovou os dormitórios pela altura do pé-direito e por não terem entradas independentes. Minúcias... Em outubro de 2010, eles nos convocaram para uma reunião no sítio. Vieram nove pessoas, não para aprovar, mas para interditar a clínica. Queriam lacrá-la naquele mesmo dia. Eu virei uma leoa, porque eles não poderiam fazer isso com aquelas pessoas que estavam vivendo ali. Fiz um escarcéu, e eles foram embora. Nós lutamos, fomos atrás de alguns políticos conhecidos e conseguimos mais 30 dias. Foi aí que nós decidimos alugar uma chácara em Franca. No sítio, não pagávamos aluguel, nem água, tínhamos uma horta imensa e leite fornecido por um vizinho. Os alunos adoravam o lugar, que é mesmo lindo, e faziam suas atividades terapêuticas ao ar livre. Era mesmo um local de energia diferenciada.

Fizemos, então, todas as adaptações necessárias, de acordo com as exigências das autoridades sanitárias. Usei o meu décimo terceiro salário para pagar seis meses de aluguel adiantado e convidei uma amiga, a Cláudia, para fazer a radiestesia do local. Ela e sua sócia e amiga me disseram que a Janaína queria dar um recado para mim. Eu disse que elas deveriam dá-lo ao pai, inclusive porque o Marcos era o psicólogo e quem coordenava os trabalhos na Amarja. Durante uma sessão com o Marcos, Cláudia lhe revelou a mensagem recebida da Janaína: "Ela disse que está bem e que você também precisa ficar em paz". Marcos se sentiu bastante reconfortado.

Isso foi em janeiro de 2011. O Consórcio Luiza ia bem, mas eu sabia que alguns perrengues viriam pela frente, pois provavelmente daríamos prejuízo no ano seguinte. O escritório de negócios do Magazine Luiza estava indo para São Paulo e o grupo estava abrindo lojas no Nordeste e em Santa Catarina. Nesse ano, eu aprendi que o mundo não para até que você se restabeleça ou se fortaleça. O que tiver de acontecer vai acontecer. Impossível, mesmo, é Deus pecar. Tudo mais é possível e ninguém está imune a absolutamente nada.

Dito e feito. Também nesse período, minha mãe vendeu a fazenda. Vieram a divisão da herança e as queixas familiares. Marcos me disse que estava na hora de eu ir para Perdizes ajudar a minha mãe. Era uma quinta-feira e já havia uma pessoa interessada na fazenda. Eu cheguei lá na sexta e no sábado a fazenda estava vendida. Eu tinha recebido 50% do valor, feito o contrato e, nessa mesma noite, já estava distribuindo para os meus irmãos a parte de cada um. Eu assumi a liderança na condução da venda como representante legal dos herdeiros. Foi uma tarefa estressante, pois era preciso equilibrar os anseios de todos e de cada um. Isso não é muito fácil quando são nove os irmãos herdeiros e agregados. Mas eu já estava mais madura, fortalecida pelo Marcos, que me instigava com perguntas estimulantes e procedentes.

De 2001 em diante eu fui muito feliz no casamento. Marcos foi um grande companheiro, que me aceitava e se orgulhava de mim como profissional. Às vezes, me surpreendia no meio do dia com um ramo de flores ou um cartão, ou surgia sem aviso para tomarmos um café juntos. Nossas famílias foram unidas, recebi sobrinhos para morar em casa e estudar, e isso foi bom também para o Neto, que até então tinha sido criado como filho único. Sua relação com o pai havia melhorado muito. Nós tínhamos o compromisso de sempre almoçarmos juntos, para que pudéssemos fazer uma oração e conversar um pouquinho. Nós sempre trouxemos a religião para dentro de casa. Eu e o Marcos participávamos de um grupo no Centro Espírita Cristo Consolador, onde estudávamos psicologia e espiritismo. As pessoas que trabalhavam em casa se sentavam à mesa conosco para agradecer a refeição e pedir a Deus que abençoasse todos os seres vivos. Mantenho esse hábito até hoje.

"
Gente ao meu redor

"Não são poucos os atributos de uma pessoa como a Edna. É determinada, séria e competente. Tem uma cabeça voltada para as soluções e profundamente focada no cliente. Mas se eu tivesse de definir sua índole numa única palavra, eu diria que ela é uma humanista."
Luiza Helena Trajano, presidente do Conselho de Administração da holding Magalu

"O Magalu sempre foi uma organização de alma muito feminina, um ambiente propício ao temperamento e perfil de Edna. Ela não só implantou uma nova modalidade de vendas, como conseguiu transformar radicalmente o negócio, dando-lhe uma nova identidade e dotando-o dos valores do Grupo. Foi ela a grande responsável

" pela expansão e credibilidade dessa nossa área. Quando eu assumi a vice-presidência de operações do Magalu, em 2016, o consórcio precisava ser mais bem inserido em nosso portfólio de negócios, a fim de redobrar a sua robustez. Numa conversa que tivemos, compartilhei com Edna minhas impressões dos principais pontos a serem atacados. Todas as metas que estabelecemos nessa conversa foram plenamente alcançadas. Isso diz tudo sobre o seu trabalho. Superamos as dificuldades do momento e retornamos a um belo patamar de rentabilidade. Voltamos a dar lucro, agora de modo mais sustentável."

Fabrício Bittar Garcia, vice-presidente de operações da holding Magalu

"No Great Place To Work identificamos um grupo de organizações muito especial, que chamamos de empresas-símbolos. São companhias diferenciadas, que colocam nossas premissas e nossos valores em prática, pois já os carregam em seu DNA. O maior deles, soberano, é a atenção às pessoas, que figura no cerne de suas culturas. A Magalu, para nós, é o carro-chefe desse grupo seleto, ao lado de nomes brasileiros, como o Laboratório Sabin e a Ci&T, e de multinacionais, como Cisco,

"Caterpillar, Dell, Accor e Roche. Acompanhamos com uma lupa o crescimento das empresas de nosso ranking e, nesses casos, fica claro que a evolução de seu clima e cultura organizacionais é notável. Estar presente no ranking, obviamente, é um prêmio. O grande desafio, porém, é permanecer nele. Muitas companhias são eleitas, mas não conseguem sustentar as suas próprias mudanças. Outras, como o Consórcio Magalu sob a liderança de Edna, renovam e aprofundam os seus compromissos a cada ano, mantendo-se assim longevas. O segredo é que essas empresas se reinventam permanentemente. Mudam tudo, mas continuam tendo as pessoas como centro de seus valores e práticas. A Magalu Consórcio e toda a sua holding são uma fonte de inspiração quando se trata de gestão, formação e desenvolvimento de pessoas. Suas práticas são um exemplo para todas as empresas do Brasil. A Magalu é um benchmark".

Daniela Diniz, 43 anos, diretora de conteúdo e relações institucionais do Great Place to Work

"Toda a construção da empresa Magalu Consórcio tem a marca do entendimento da Edna. Ela sempre foi a sua cara. Não é à toa que essa nossa companhia vem sendo premiada sucessivamente como uma das melhores empresas para se trabalhar no Brasil. Há meia década o consórcio lidera a eleição do GPTW (Great Place to Work). Quando entrei na empresa, há 37 anos, o Magazine Luiza tinha apenas oito lojas, entre Franca, Barretos, Araxá e Uberaba. Hoje tem 1.310 lojas em 851 dos 5.400 municípios brasileiros, e seguimos expandindo. Nosso potencial comporta a abertura de mais 2.500 novos pontos. A meta para 2021 é abrir 140 novas lojas. Nos últimos anos, nossa média de abertura de novos pontos tem se mantido entre 120 e 140 lojas."

Douglas Aparecido Matricardi, 57, diretor executivo de operações da Magalu

"Edna atua como uma tremenda facilitadora também no ambiente digital, pois possui uma percepção muito apurada do comportamento humano. Ela conhece como poucos as pulsões dos clientes,

" nos quais focamos todos os nossos esforços, ações e avanços. Edna delega e confia. Sabe usar com maestria os seus egos auxiliares (para me valer de uma expressão do psicodrama), que lhe permitem enxergar o comportamento humano de forma bem mais profunda. É dessa percepção que partimos para formular nossa estratégia de aproximação e fidelização do cliente em nossas operações digitais. A inteligência artificial ainda não substitui o olho no olho, mas permite que possamos, gradativamente, organizar as informações colhidas diariamente sobre esses clientes, a fim de abordá-los, cada vez mais, da forma que eles gostariam de ser abordados. Quando falamos em Revolução Digital, a maioria das pessoas visualiza o seu lado físico, estrutural – informações nas nuvens, capacidade dos servidores e plataformas on-line. Além desses desafios de natureza estrutural, no entanto, temos um outro, muito maior. Ele consiste em trazer o calor humano e o olho no olho, que são marcas registradas do grupo Magalu e de seu braço de consórcio, para oferecer maior rapidez e funcionalidade aos nossos clientes na plataforma que ele preferir. Creio que esse calor e acolhimento ao cliente estão em nós mesmos (pessoas e empresas) e que a tecnologia deva ser um instrumento para que esses sentimentos estejam presentes em todas as nossas plataformas digitais. Os dados, costumo dizer, são o novo petróleo, e Edna sabe disso muito bem."

Leonardo Osorio, 42, gerente executivo de TI do Consórcio Magalu

"Quando minha carreira como especialista em marketing digital começou a decolar, um parceiro de mercado me apresentou um potencial cliente: nada menos que o Consórcio Magalu. Era junho de 2020 e a demanda era espantosa. Organizar a casa nos territórios de marketing e vendas com o propósito de digitalizar essas áreas do consórcio. Teríamos de implementar soluções e praticamente redesenhar todos os processos. Edna, então, me disse: 'Pesquisas e consultorias já estão me cansando. Eu quero alguém que realmente ponha a mão na massa'. E que massa! O Consórcio Magalu tinha, então, 400 vendedores. Hoje, já são 600 e até o final do ano deverão ser 1.200 de todas as partes do Brasil. Foi um trabalho maluco, em que mudamos o marketing e todos os processos de "venda. Nos meses seguintes, o volume de vendas cresceu 412%. Eu nunca havia feito algo tão grande, nem longinquamente. Desde o começo tentei entender como uma lojinha do interior de São Paulo se tornou a 24ª maior corporação de varejo do mundo. Percebi, então, que Edna, Luiza Helena e Fred Trajano (e o próprio Magalu) compartilhavam uma unanimidade. 'São todos gente do interior, para quem o que se promete é sagrado. Figuras que darão sangue, se preciso, para cumprir o prometido. Sei que eu encarno a figura do doidão, que muita gente estranha. Sou careca, tenho uma imensa barba ruiva e o corpo repleto de tatuagens. Minha própria avó dizia: 'Quem tem uma tatuagem é bandido. Quem tem duas é assassino'. Pois eu não vi nenhum resquício desse viés no olhar da Edna. Nunca! No segundo encontro que tivemos, ela já havia me compreendido como pessoa, algo que muita gente (muita mesmo!) não conseguiu numa vida inteira. Edna me decifrou de cara! Ah, e pouco tempo atrás fiz uma nova tatuagem com o nome de minha avó no bíceps. Hoje, ela a beija todas as vezes que nos encontramos."

Marcos Andrade, sócio da 8D Pro, agência de marketing digital

"Entrei no Magalu em 1995. Comecei como telefonista e, dois anos depois, tornei-me secretária da Luiza Helena. Já naquele tempo a Edna me chamava a atenção. Ela era muito dinâmica. Passava o dia transitando por todo o escritório, resolvendo várias coisas, sempre com um sorriso nos lábios. 'Que mulher mais bacana', eu pensava. Em 2003, tornei-me secretária executiva do Frederico Trajano. Fui sua assistente por nove anos – os últimos três em São Paulo, para onde se mudara o escritório de negócios do Grupo Magalu. Como sofria bastante com a distância, acabei pedindo demissão e retornando para Franca. Fiquei só seis meses longe do Grupo Magalu. Por já admirá-la bastante, decidi enviar o meu CV para a Edna. Fui readmitida na área comercial do Consórcio Luiza e, há três anos, para minha alegria, tornei a exercer a função de secretária executiva, dessa vez dela própria. Desde então, nossa relação vem se estreitando cada vez mais. Excede, em muito, o território do trabalho. Se há uma palavra que possa definir o impacto de Edna em minha vida, eu diria que ela é inspiração. Edna se tornou a minha grande referência, seja no trabalho ou na vida pessoal. Pude constatar essa sua influência em várias situações diferentes. Foi ela quem me iluminou na relação

" com meu pai, quando ele sofria com o alcoolismo. Edna ofereceu-se para interná-lo na Amarja e sempre perguntava sobre ele. Felizmente, ele conseguiu superar o problema por conta própria, com o apoio de todos nós da família. Edna tem uma incrível disposição para ajudar as pessoas. É um sentimento instintivo e quase magnético. Prova disso são os internos da Amarja, que ela faz questão de chamar de alunos. Eles a consideram mais importante que a Rainha Elizabeth. Ou os próprios colaboradores da empresa, em sua grande maioria encantados com a sua liderança inspiradora. Mais do que qualquer outra coisa, no entanto, Edna até hoje me inspira na educação de meus filhos. Eu sempre observei (e ainda observo) com atenção a maneira com que ela se relaciona com o Neto. 'Vou copiar isso', eu passei a pensar. E procurei reproduzir seus ensinamentos na educação de Felipe e Ana Elisa, meus dois filhotinhos. Uma educação plena de valores, mas sempre voltada para o fortalecimento e a independência dos pequenos. Mesmo sendo suspeita para dizer isso, acho que estou sendo muito bem-sucedida. Mas, também, com uma inspiração dessas, quem não seria?"

Isabela Gera Furlan, 45 anos, secretária executiva de Edna na Consórcio Magalu

> "É impossível não me lembrar do primeiro contato que eu tive com a Edna, mais de três décadas atrás. Eu era auxiliar de serviços gerais. Trocando em miúdos, eu era faxineira. Tinha 35 anos. Em 2001, ela veio para o Consórcio como diretora. Como fazia a limpeza, eu ia regularmente à sala dela fazer a faxina, servir um café ou outra coisinha. Ela sempre me tratava com muita humildade e atenção. Começamos a nos aproximar mais a cada encontro. Com o tempo, conheci toda a sua família e ela, a minha. Uma tarde, ela me chamou à sua sala e disse que havia desenhado um plano de carreira para mim. Fiquei boquiaberta. Eu mesma não acreditava em mim. Mas ela, sim. 'Todo mundo é capaz', ela me disse, e me convidou para uma seleção na área de atendimento. Fui morrendo de medo. Mas contei com a ajuda da Vanessa (do RH) e da Alcione (gerente de atendimento). Ambas terminaram de me transmitir a confiança que eu não tinha em mim mesma. Com o tempo, percebi que todas estavam certas. Passei por várias áreas do atendimento e fiquei fascinada pelo trabalho. Em 2006, recebi um elogio rasgado de uma cliente e fui eleita o destaque do mês em minha área. Recebi um trofeuzinho e, numa espécie de tradição, um almoço com a diretoria. O encontro

foi na casa da própria Edna. Arroz soltinho, um feijão maravilhoso, frango caipira e rondelli. Em 2020, já na pandemia e trabalhando em home office, fui destaque em seis meses. Guardo os meus troféus com imenso carinho. Todos trazem a mesma inscrição: 'Homenagem a quem fez um verdadeiro gol de placa'. Isso quer dizer que, na empresa, eu já marquei sete golaços. Mas uma coisa é certa: sem a Edna eu não teria marcado nenhum. Talvez eu estivesse segurando a vassourinha até hoje."

Regina Aparecida Romualdo Colares, 60 anos, auxiliar administrativa no Consórcio Magalu

"Meu pai, o senhor Antônio Luiz Ferreira, era colaborador do Magazine Luiza. Acompanhei de perto a sua história e, quando me formei, tive a oportunidade de seguir carreira na mesma empresa que ele. Estou há quase 19 anos no Magalu, meu primeiro e único emprego até aqui. Entrei como estagiária na área de Gente e Pessoas, pois ainda não havia uma diretoria ou gerência de RH, embora o consórcio já tivesse 60 funcionários. Eu não possuía quase experiência alguma, mas Edna foi muito acolhedora. Sempre me deu dicas e feedbacks valiosos para que eu pudesse seguir "avançando. Ela vivia me dizendo: 'Você pode fazer melhor'. Eu revia tudo. Esse voltar a fazer, várias vezes repetido, acabou sendo a minha maior fonte de aprendizado. Ganhei confiança e minha carreira deslanchou. Sou o resultado do muito que a Edna me ensinou profissionalmente. Do ponto de vista pessoal, então, não tenho palavras para descrevê-la. Ilustro toda a nossa ligação com uma única história. Como disse, meu pai e Edna haviam trabalhado juntos lá atrás. Quando, aos 63 anos, ele estava encerrando a carreira, Edna o convidou para chefiar um escritório em Franca. Foram os cinco anos mais felizes de toda a vida dele. Depois disso se aposentou e faleceu dois anos depois, em agosto de 2018. Teve um infarto muito parecido com aquele que o seu Antônio, pai de Edna, tivera. Mas ficou o exemplo. Ela acreditou em meu pai aos 63 anos de idade, assim como havia acreditado em mim quando eu tinha apenas 18. Como se não bastasse, me deu uma força enorme durante todo o meu luto."

Andresa Carla Ferreira, 40 anos, gerente executiva de gestão de pessoas

"Nasci em Milagre, um minúsculo distrito de Monte Santo, que já é bem pequeno. Conheci a Edna em 2012, enquanto namorava um de seus tantos sobrinhos. Gostava muito dela e do Marcos. Terminei o namoro, mas não cortei relações com ela. Edna passou a me chamar de seu chaveirinho, pois estávamos sempre juntas. Ela me estimulou fortemente em meus estudos. Fiz faculdade e pós-graduação em Farmácia, e há pouco terminei meu doutorado, em meio à pandemia, defendendo a minha tese on-line na casa dela. Ela é sobre o uso do própolis no tratamento de células cancerosas. Na véspera, acendemos uma vela e oramos. Em fevereiro, após a sua recente cirurgia, ela me convidou para morar novamente em sua casa. Voltei a ser o seu chaveirinho."

Danieli Cristina Lemes, 30 anos, amiga da família

CAPÍTULO 8
Um duro adeus

EM 2012, COMO ESPERADO, A EMPRESA COMEÇOU DANDO resultado negativo. Havia muita pressão dos acionistas, pois ela já era de capital aberto. Eles passaram a se indagar se era ou não o caso de o grupo ter uma empresa de consórcio, uma vez que ela não tinha tanto a ver com o negócio principal do Magazine Luiza. Os desafios e a cobrança foram enormes. Além disso, eu e o Marcos havíamos decidido investir no sítio. A ideia era de que, além de ajudar no sustento da Amarja, ele também fosse produtivo e se tornasse nossa fonte de renda na velhice. Contratamos um bom administrador. Eu cuidaria da parte financeira e administrativa, e continuaria como voluntária da clínica. O Marcos, por sua vez, praticamente levou seu consultório de psicologia para a Amarja, pois já tinha uma consultoria garantida numa empresa.

Foi um dos anos de maior colheita de café do sítio. No dia 1º de junho, me deu uns cinco minutos, e decidi ir para lá à 1h da tarde. Era uma sexta-feira, e eu já iria de todo modo no final do dia. Passei no escritório e cheguei ao sítio quase à noitinha. No caminho, não sei por que, meus sentimentos se turvaram. Vinham-me à cabeça pensamentos estranhos de separação do Marcos. Eu não entendia, pois nós vivíamos numa fase muito boa. Nosso relacionamento ia muito bem. Tocávamos os negócios do sítio juntos e andávamos até pensando em deixar pronta a partilha de nossos bens para os filhos. Eu não entendia de onde vinham aqueles temores. Cheguei a parar na estrada para recitar uns mantras, pois achava que havia alguma coisa errada.

Era época de colheita do café. O movimento era muito grande, e o Marcos passava o tempo todo trabalhando com o pessoal. Quando eu cheguei, não o encontrei no meio da turma e soube que ele também não havia tomado o lanche da tarde. Fiquei muito preocupada, pois ele era um notório glutão. Traçava de tudo, gostava de tudo. Comia bem. Quando entrei em casa, o encontrei deitado. Ele me disse que havia dado um mau jeito, que estava doendo o peito e achava que tinha se machucado ao se levantar do chão no cultivo do café. Eu achei a história esquisita, tirei a pressão dele, e estava boa. Mas ao vê-lo ali, deitado, me veio outra vez a história da separação. Ele se levantou, eu o chamei para tomar um lanche, ele comeu pouco. Eu o convidei para tomar uma taça de vinho, coisa que ele amava, mas ele disse que não queria, que outro dia tomaria para comemorar o que tivesse de comemorar.

Perguntei se ele queria que eu fizesse uma compressa. Eu não pensei num infarto, mas, no fundinho da alma, algo me dizia que ele estava indo embora. Fiz a compressa. Ele dormiu, mas eu, não. Eu pensava apenas no que eu precisava fazer com a nossa separação. Passei a noite acordada, insistindo muito para que ele fosse a um médico, mas ele não quis de forma alguma. Às duas da manhã, ele pediu para eu fazer a compressa novamente. Disse que havia melhorado. Implorei para que buscássemos ajuda médica, mas ele recusou e dormiu novamente. Eu continuei acordada, com aquela angústia misteriosa me consumindo. Nós sempre dormíamos abraçados e, por volta de 4h30 ou 5h da manhã, ele se virou, ficou de costas, e eu não tinha como abraçá-lo de volta.

Eu perguntei como ele estava. Ouvi somente um suspiro. Acendi a luz, já tremendo, e percebi que ele havia partido.

Eu liguei para Cássia dos Coqueiros, a cidade mais próxima, em busca de uma ambulância. Pedi que viessem logo. Gritei pelos funcionários do sítio. A ambulância chegou e dela desceu uma enfermeira que havia trabalhado na nossa casa. Ela o medicou e, antes de colocá-lo na ambulância, eu perguntei se havia sentido o pulso nele. Com duas lágrimas escorrendo pelo rosto, ela me respondeu que muito pouco. Eu fui atrás da ambulância, mas quando chegamos ao hospital, o médico atestou a morte de Marcos ainda no veículo. Era um sábado de manhã e eu iniciava um novo calvário do luto. Busquei o apoio da minha secretária, do meu cunhado em São Paulo, para que avisasse o Neto, que estudava então em São Bernardo do Campo. Avisei a família dele e a minha, e tomei todas as providências para que o corpo fosse levado para Monte Santo. Aquele sonho de envelhecermos juntos, de mãos dadas na pracinha, se acabou. Essa foi mais uma grande dor na minha vida: a de devolvê-lo à espiritualidade. Sofri muito. Chorei a água de um coqueiral, mas fui muito apoiada para atravessar esse maremoto em minha vida.

Doía-me muito pensar o quanto Marcos ainda tinha de planos na vida. Todos encerrados abruptamente. Seu grande sonho, porém, o de ter um neto, não se realizou nessa existência. Tenho certeza, no entanto, de que, esteja onde estiver, ele decerto está olhando seu neto, filho do Marcos Augusto, seu primogênito. Francisco, hoje com três anos, nasceu após a partida de Marcos. Hoje, de certa maneira, eu vivo o sonho de Marcos, brincando com essa criança e acompanhando o seu desenvolvimento. Tanto quanto o Marcos, eu também sonhava muito com o momento de ser avó. Francisco sempre foi um descanso em meio a tanta loucura.

A barra pesou com a viuvez. Fiquei com o sítio e a colheita do café, com a clínica Amarja toda desestruturada, a empresa atravessando um período difícil, fechando no vermelho, e os acionistas querendo resultados do Consórcio Luiza. Mas eu sempre me lembrava de Chico Xavier: "Tudo passa". Essas águas tristes e turvas no rio de minha vida também vão passar. Quando eu não sei. Mas mais dia, menos dia, elas também passarão. Tudo precisa passar.

Tanto a minha família como a do Marcos me deram muito apoio. Sinto, porém, que eu mesma não dei o devido suporte ao meu filho, pois era muita coisa acontecendo ao mesmo tempo. Justamente a ele, que foi quem me deu a mais bonita demonstração quando da morte do meu pai. Lembro-me de que estávamos indo para Perdizes à noite; minha amiga Divina ao volante, eu ao lado, aos prantos, e o Neto atrás. De repente, ele se aproximou de mim e disse o seguinte:

— Olha, mamãe, eu sei que agora você vai ter muitas saudades do vovô. Mas quando você tiver muita saudade dele, é só você ir ao lago, que ele vem falar com você, igual ao pai do Rei Leão.

Meu filho tinha apenas quatro anos quando meu pai se foi. Com ele, eu aprendi que as crianças, em sua divindade, proporcionam um conforto único para o nosso coração, por maior que seja a dor que o tenha ferido. Quando nós aceitamos que um ser muito querido vá para o plano espiritual, ele permanece presente nas nossas vidas por causa dos frutos e recordações da convivência. Depois da morte do Marcos, numa das sessões de terapia com o Roberto Ziemer, ele me disse que sabia o quanto doía em mim, porque eu tinha um vínculo muito forte com meu marido, mas que agora eu não precisaria de nada físico para falar com ele. Na hora, eu não entendi muito bem. Depois, fui compreendendo que, a cada passagem do Marcos no plano espiritual, ele me contava, em sonhos muito reais, o que ele estava fazendo e em qual fase se encontrava. Deduzi que, quando estamos na vida física, nós ainda dependemos de telefone ou de um WhatsApp para nos comunicarmos. Mas com quem está no plano espiritual, nós podemos nos conectar sempre, através de uma oração, dos nossos pensamentos, da nossa gratidão pelo tempo físico que pudemos compartilhar.

Decididamente, o ano de 2012 foi pródigo em experiências e sustos. O Marcos faleceu no dia 2 de junho. Em 9 de julho, pouco mais de um mês depois, minha irmã Odete teve um AVC. Era só o começo. No dia 15 de julho, só uma semana mais tarde, a minha mãe teve uma parada cardíaca em Perdizes. Só Deus pode explicar como ela conseguiu chegar ao hospital de Uberaba para ser reanimada pelo médico. Por fim, no dia 12 de agosto, o marido da Kamila, minha assistente à época, sofreu um acidente e teve um traumatismo craniano. Por incrível que pareça, todos se recuperaram e estão bem. Na situação em que eu estava, de grande abalo emocional, todos esses acontecimentos pareciam grandes demais. O cardiologista da minha mãe, doutor Aldo, aconselhou que ela fosse para São Paulo realizar uma cirurgia. Dos nove irmãos, alguns concordaram. Outros, não. Mas a maioria optou por acatar a indicação do médico e isso ficou sob minha responsabilidade.

Foi uma viagem dolorosa de Franca a São Paulo. Minha irmã Lúcia e eu fomos com ela. Tínhamos medo de que algo acontecesse, pois o risco da cirurgia era grande. Mamãe faria uma ablação (colocação de stents) para corrigir sua arritmia cardíaca severa. Como ela já usava um marca-passo desde 1989, a operação seria de alto risco. Mas, graças a Deus, ela venceu. Após dez dias do procedimento, mamãe voltou para casa e até hoje passa muito bem.

Em meio a essa montanha-russa, eu aprendi que, quando preciso, convoco essa divindade. Ela me dá força, me inspira, e eu sempre consigo uma alternativa com a ajuda de pessoas que estão ao meu lado. Eu gosto muito de ouvir a opinião de terceiros – da minha família, de amigos. São conversas que nem sempre contêm um pedido de ajuda, mas que a gente as lança no universo e das quais sempre obtém uma resposta para aquela questão. Por isso, acho muito interessante formalizar certas equações e jogá-las para o universo. Essa atitude sempre me revela, de forma muito clara, qual é o próximo passo a ser dado. Até hoje, graças a Deus, foram passos que eu considero acertados. Por isso, eu sou tão grata a esse Absoluto, a esse Deus, a essa divindade que me acompanha e que me protege tanto.

Como se todos esses sobressaltos não bastassem, também em 2012 eu fui chamada pela holding. Eles me disseram que havia uma empresa de consórcio interessada em assumir a administração do nosso negócio, e que eu deveria cuidar da questão. Perguntei se eles queriam mesmo que eu fizesse isso. Transferir os grupos de uma administradora para outra era o mesmo que vender. Eu fui muito clara com eles. Disse que era como se eu tivesse criado um filho que, aos 18 anos, me pediu uma Mercedes e eu, por não poder dá-la e ele, teria de entregar esse filho para a adoção. Eles me disseram que não tinham outra pessoa em quem confiar, alguém que entendesse de consórcio. Portanto, era eu quem deveria negociar.

Um dia, eu fui até a empresa, que fica em outro estado, a mais de 500 quilômetros de Franca. Foi um episódio que me deixou extremamente aflita. Durante a viagem, eu me sentia uma líder derrotada. Voltei para a holding e revelei minha percepção e sentimento quanto ao negócio: que ele não era bom, que o prejuízo para a empresa seria maior e que eles deveriam ao menos me dar a oportunidade de reverter a situação. Se eles dessem um ano, nós colocaríamos a empresa no azul. Eles me disseram que iriam pensar a respeito. Eu chamei as gerências de área e fiz um desenho para explicar as alternativas que tínhamos: entregar a empresa para um concorrente ou arregaçar as mangas para colocá-la no positivo. Expliquei quais os caminhos que teríamos para salvá-la. Eu só iria assumir aquela empreitada se eles me ajudassem. O time em peso ficou ao meu lado. Era uma equipe muito coesa e unida. Eles concordaram e assim foi. Eu sempre pedi para os colaboradores cuidarem com atenção das menores coisas. Deus mora no todo e o diabo, nos detalhes. Quando a gente menos espera, o danado puxa um tijolinho e eis a empresa toda no chão.

Como é muito comum na rotina de muitas empresas, cada líder julgava que a sua área era a mais relevante, que seus desafios eram mais importantes que os dos demais. Então, um dia, eu reuni todos os líderes numa sala, escrevi os nomes das áreas em papeizinhos e fiz todos participarem do sorteio, como num amigo secreto. Quem tirasse a própria área tinha de devolver o papel e sortear novamente. No dia 1º de setembro, cada um iria assumir a área que sorteou. Todos me olharam com certa estranheza. Achavam que eu havia enlouquecido de fato, que teriam de me levar numa camisa de força. Eu dei uma semana para que todos se preparassem. Queria colocar em prática a regra de ouro que está impressa no nosso crachá: "Faça ao outro o que gostaria que fizessem a você". Todos, absolutamente todos, trocaram de área. Quem era de TI foi para Vendas, quem era de RH foi para o Jurídico de vendas, quem era de Atendimento foi para Finanças. Toda a empresa pareceu mudar de lugar.

Foi uma loucura total, mas também uma das experiências mais engrandecedoras vividas no consórcio. Todos aprenderam a valorizar as áreas dos demais e compreenderam as regras de cada uma delas. A empresa não é um amontoado de áreas estanques, que competem entre si. Não existem gerentes de área X ou Y. Existem gerentes da empresa Consórcio Luiza. Todos devem se pautar pelos mesmos objetivos: ter as melhores pessoas, os melhores processos e o melhor relacionamento com os clientes e colaboradores. Além disso, devem se relacionar igualmente bem com órgãos públicos, fornecedores e com a nossa associação, a Abac (Associação Brasileira das Administradoras de Consórcios). É isso, no fim das contas, que encomenda os melhores resultados. Todos tiraram um grande proveito desse episódio. Até a arrumar mala teve gente que aprendeu. Imagine levar duas malas enormes para fazer visitas de loja em loja.

A garra de toda a equipe foi recompensada. Em 2013, nós demos lucro e recebemos bônus. Somos uma das empresas com bons resultados e, desde 2011, premiada pelo Great Place to Work e, mais tarde, também pelo Reclame Aqui. Eram nossos valores reconhecidos na prática. Aliás, lamento muito a morte, causada pela Covid, de Maurício Vargas, o fundador do Reclame Aqui, portal da internet voltado às queixas dos consumidores. Quanto à Amarja, para salvá-la, com muito sacrifício, contratamos colaboradores qualificados para desempenhar suas atividades, profissionalizando a gestão da entidade. Aos poucos, conseguimos regularizar a sua situação. Temos hoje 20 vagas sempre lotadas e uma considerável fila de espera. Temos vários contribuintes. Um doador que nos ajuda bastante paga pelo aluguel da chácara. Assim, continuamos a resgatar vidas ameaçadas pela dependência química.

Desde 2012, quando o Marcos faleceu num piscar de olhos, eu aprendi que tudo muda numa fração de segundos. Comecei a alertar os líderes do Consórcio Magalu, inclusive a holding, de que era preciso preparar a minha sucessão. Eu não poderia ser a pessoa insubstituível na empresa, pelo simples fato de que ninguém é. Enquanto preparávamos nossos líderes, começamos a buscar um profissional no mercado, alguém que trouxesse uma nova visão. A primeira contratação, que levou uns seis meses para se concretizar, não foi feliz. Em pouco tempo, o contratado saiu.

No segundo processo seletivo, encontramos o profissional que há dois anos é o diretor de operações da Consórcio Magalu. Segui como diretora-executiva, já aliviada por saber que, àquela altura, tínhamos nossos líderes em franco desenvolvimento. Deixaríamos, portanto, a companhia em boas mãos. Nesse período, a Abac – Associação Brasileira dos Administradores de Consórcio – me convidou para presidir o Conselho e eu pedi um tempo para pensar a respeito. Primeiro, porque o Consórcio Magalu é uma companhia exemplar, mesmo não tendo o mesmo número de consorciados ativos de nossos maiores concorrentes. Segundo, por eu sempre ter tido a certeza de que o meu último emprego remunerado seria o Consórcio Magalu, uma empresa que amo, que tem os meus valores em seu

DNA e onde posso aplicar a minha forma democrática e servidora de liderança. Cheguei à conclusão de que eu poderia contribuir para o sistema consórcio com a cultura de relacionamento ético com o cliente e com a minha maneira simples de gerir os negócios. Foi assim que tomei a minha decisão, mas não sem antes consultar a holding. Afinal, eles precisariam me autorizar, pois esse cargo na Abac não é da executiva Edna, e sim da empresa Consórcio Magalu.

A empresa continuou crescendo e o consórcio manteve seu destaque, confirmando os seus prêmios da GPTW e do Reclame Aqui. Mesmo com a pandemia, em 2020, obtivemos um resultado muito bom. O sítio seguia bem; a Amarja, idem. Eu estava feliz, sendo convidada para algumas palestras e *lives*. Vivia um momento muito tranquilo da minha vida. A minha sucessão na empresa estava se desenrolando de modo sereno e financeiramente eu estava bem. Completando esse quadro satisfatório, meu filho crescera no trabalho, havia adquirido um apartamento novo e marcando o seu casamento. Eu estava muito feliz com a minha nora Julia, pois percebo o quanto os dois se amam e se dão bem.

Por fim, mas igualmente importante. Em 2002, encontrei um amigo, Ricardo Hannuch, que vivia em Ribeirão Preto e geria um consórcio da cidade. Com ele, formamos um grupo, chamado G6, que reunia as administradoras de consórcio da região. Fomos construindo uma amizade e um campo de confiança muito grande entre nós. Consolidamos nosso afeto. Passados alguns anos, ele ficou viúvo. Trocávamos confidências sobre as nossas dores. Notei, então, que seu comportamento comigo foi ficando diferente, bem mais terno. Conheci suas filhas: Thais, jornalista, e Sheila, musicista. Com muita suavidade foi crescendo uma afeição genuína entre nós.

Até que um dia, em São Paulo, ele me convidou para jantar e, com a alegria de um adolescente, me pediu em namoro. Comunicamos aos nossos filhos, que apoiaram a relação. Não tenho dúvidas de que Ricardo encarnou um papel masculino muito positivo para o meu filho. Infelizmente, esse relacionamento foi breve, pois Ricardo faleceu, também de um infarto fulminante. Deixou-me como presente suas filhas, genros e netos, com quem mantenho uma relação muito amorosa, embora nenhuma de nós possa dizer em que categoria eu me enquadro em suas vidas: se como amiga, madrasta, tia ou uma avó de seus filhos. Não importa. Nossa ligação é intensa e ponto.

Ou seja: a vida estava até boa demais para uma mera servidora deste planeta Terra. O quebra-cabeça estava montado. Agora era emoldurar, pendurar na parede e admirar. Em suma: estava tudo ótimo! Até que a vida, num piscar de olhos, voltou a me alertar de que tudo neste mundo é passageiro e que não estamos imunes a nada, de magnífico ou de trágico, que estiver desenhado por Deus para a nossa existência.

Gente ao meu redor

"Num dos dias mais tristes de minha vida, o telefone tocou às 6h da manhã. Atendi antevendo preocupações. Era a Edna. 'O que foi?', eu perguntei. 'O Marcos morreu', ela respondeu, chorando muito. Eu fui a primeira pessoa que ela avisou aqui em Perdizes. Ela me explicou o que havia acontecido na madrugada, o infarto fulminante do marido. Eu e minha mãe partimos imediatamente para Franca. Chegamos por volta do meio-dia. Encontramos Edna desolada. Sabíamos que ela havia perdido o grande amor de sua vida. Ficamos alguns dias com ela. 'Deixem-me chorar, é o meu luto', ela dizia. Ficou uns dois meses assim, nesse estado, derramando lágrimas intermináveis. Depois, foi aos poucos recuperando sua força habitual. Sei que sua dor era tremenda e o quanto ela sofreu para transformá-la numa lembrança mais mansa e amiga."

Janei, irmã mais nova

"Eu tinha 12 anos quando minha irmã Janaína morreu, pouco após completar 17. A presença de minha mãe foi decisiva para que meu pai conseguisse segurar o baque. Ambos tiveram de lutar muito para manter a estabilidade. Mas conseguiram. Quando meu pai faleceu, no entanto, a tristeza de minha mãe foi muito grande. Ela sempre atraiu tanta gente à sua volta que eu tive medo de que, daquela vez, ela se sentisse realmente sozinha. Felizmente, aos poucos, ela conseguiu encarar a solidão. Percebo, porém, que a partida de meu pai deixou um vazio em seu coração que nunca mais foi preenchido. Ela não demonstra, mas eu sei que ele está lá."

Antônio Honorato Neto Piccinini, filho

"A morte de minha irmã Janaína, aos 17 anos de idade, deixou meu pai extremamente deprimido. Ela iria fazer uma redução de seios, mas sofreu um choque na cirurgia, ficou três dias em coma e

> faleceu. Como havia pagado pela operação, ele se sentiu o grande culpado da história. Com o tempo, porém, ele conseguiu revisar essa ideia. Quando viva, Janaína tinha um imenso desejo de abrir uma clínica para a recuperação de dependentes químicos no sítio de Cássia dos Coqueiros. Por esses dias, meu pai já ajudava informalmente o filho de uma amiga que enfrentava problemas com a cocaína. Foi estimulado pela lembrança de minha irmã que ele decidiu criar a Amarja. Edna deu-lhe um apoio fundamental à época. Papai entrou na faculdade de Psicologia e, aos 43 anos, realizou um sonho da sua adolescência. Paralelamente, começou a dar forma à Amarja – primeiro em nosso sítio em Cássia e, após dois anos, na sede atual, em Franca. Em pouco tempo, ele estava entregue de corpo e alma a esse trabalho. Sua dedicação era muito intensa e atingia quase todas as áreas da entidade. Ele fazia bastante de tudo. Lembro-me de que havia um tucano que quase todas as manhãs visitava a clínica. Um dia, ele sumiu. Nesse mesmo dia, dois alunos fugiram da clínica. Marcos não titubeou. Seguiu para Mococa e foi ao encontro do traficante mais conhecido da cidade, que também era receptador. Acertou na mosca! 'Seu Marcos, eu já vi pessoas me trazerem de

"tudo para comprar drogas: carro, moto, geladeira, televisão...', ele disse. E emendou: 'Mas um tucano, é a primeira vez'. Riram e a ave foi devolvida. Era mais ou menos esse o seu estilo. Meu pai sempre foi muito ligado em motocicletas. Com 20 anos de idade, comprei a minha primeira grande moto, uma Honda Hornet de 600 cilindradas. Eu estava em Ribeirão Preto e decidi fazer-lhe uma surpresa. Liguei para ele, a fim de dar uma acelerada na moto pelo telefone. Mas, como eu estava muito ansioso, após ter chamado duas ou três vezes, desliguei o telefone e decidi surpreendê-lo pessoalmente. Segui para Monte Santo. Quando estava chegando em casa, de manhãzinha, recebi um telefonema. Era a Edna, aos prantos, dizendo que meu pai havia falecido. Foi um baque! Ele morrera naquela madrugada. Sem conhecer a minha moto."

Marcos Augusto Piccinini, 36 anos, filho de Marcos e enteado de Edna

"Conheço Edna desde 2002, quando comecei a namorar o Marcos Augusto, seu enteado. A Janaína, filha do Marcos, ainda era viva, e Edna fazia de tudo para que Marcos se reaproximasse de seus filhos. Acabei entrando como parte desse pacote. Com a morte de Janaína, as coisas fugiram "do controle. Marcos Augusto ficou revoltado e afastou-se dos pais. Após a morte do Marcos, em 2006, Edna procurou trazê-lo de volta ao nosso convívio. Insistiu até que conseguimos aparar as arestas. Eu e Marcos Augusto fomos casados por 16 anos, um relacionamento que durou até 2018. Quando nos separamos, a relação dos dois já estava normalizada. Até hoje Edna adora o meu filho Francisco, de três anos, a quem ela chama de neto torto. Edna sabe construir afetos duradouros, pois batalha por eles em quaisquer circunstâncias."

Mara Boraschi Campagnoli, 35 anos, ex-esposa do Marcos Augusto, filho de Marcos e enteado de Edna

"A principal lembrança que guardamos da Edna tem muito a ver com nossos filhos e também com a espiritualidade. Ela e o Marcos seriam nossos padrinhos de casamento. Como ela precisou fazer uma pequena cirurgia pouco antes da data, Neto, o filho deles, acabou assumindo o lugar dela no altar. Quando ficamos grávidos, Edna curtiu muito a boa-nova. Ainda mais na semana seguinte, quando um ultrassom revelou que eu estava esperando gêmeos. Dois meninos! Dizíamos que Lucas era o do lado esquerdo e Mateus, o do direito. Quando "eles nasceram, em 2012, vivíamos em São Paulo e Marcos não pôde conhecer a dupla. Quatro meses depois, ele morreu. Quando os meninos tinham três anos, fizemos uma viagem a Jundiaí. Do nada, Lucas disparou de sua cadeirinha: 'Mãe. O tio Marcos não vai'. Congelamos! 'Por que não, filho?'. Então, o Mateus disse: 'Olha ele ali, acabou de sair correndo', disse, mostrando uma praça. E Lucas voltou à carga: 'Ele não vai porque falou que agora ele só está tomando água'. Aí gelamos de vez. Quando chegamos na casa do Paulinho, irmão do Marcos, ficaram todos emocionados com o episódio. 'Crianças são muito sensitivas', disse o Paulo. Edna, ao saber, ficou muito tocada com essa história."

Liane e Juliano de Melo, 40 anos, sobrinhos do Marcos

"Podemos estar enganadas. Mas Edna foi a última namorada do nosso pai, Ricardo Hannuchi. Eles já se conheciam e, quando começaram relacionamento, papai estava viúvo fazia alguns anos, e Edna enviuvara havia algum tempo. Era muito engraçado ver os dois apresentado os filhos aos seus namorados. Certa vez, minha irmã Thais alugou um sítio em São Francisco Xavier.

" Era um chalezinho encravado na serra da Mantiqueira. Meu pai alugou outro chalé, vizinho ao dela, pois queria apresentar a Edna para toda a família. A Edna trouxe o Neto e a Júlia, sua nora, e ficamos três dias juntos. Notamos que rolou uma química muito rápida entre nosso pai e o neto. Papai o estava xavecando para conquistá-lo. 'Eu era muito amigo de seu pai', ele vivia dizendo ao seu potencial enteado. Sabemos que eles tiveram uma relação muito bacana e serena. Nesse curto tempo em que estiveram juntos, papai floresceu novamente. Edna lhe trouxe um crescimento espiritual gigantesco, que o fez mudar muito ao longo desses poucos anos de convivência. Moravam cada um em sua casa e viam-se todos os finais de semana. 'Ela me ensinou a olhar novamente para as estrelas', ele nos disse algumas vezes. Com a morte de mamãe, em 2010, a relação entre eles se estreitou muito. Infelizmente, papai morreu subitamente, em 2016, interrompendo esse convívio, que era muito promissor. Ao menos, partiu rápido, da mesma forma que o Marcos. Talvez Edna tenha surgido para ajudá-lo a encerrar esse ciclo neste mundo. Já conversamos sobre isso e ela concorda. Eu, Sheila, costumo dizer que Edna é uma pessoa arvorecida. Ela tem uma personalidade muito enraizada. Edna não muda por alguém, mas vive mudando as pessoas que vivem ao seu redor. Com a perda de meu pai, eu e minha irmã Thais, que tem hoje 38 anos, passamos a escolher as pessoas que integrariam a nossa família dali em diante. Edna foi uma das primeiras contempladas. Consolidamos com ela uma nova relação. Hoje, ela é nossa grande amiga, sempre próxima e divertida. Nossos filhos, Benjamim, de cinco, e Rosa, de quatro anos (da Thais), e Maria Clara, 12, e Alice, com quatro anos (minhas), são como netos da Edna. Eles simplesmente a adoram."

Sheila e Thais Hannuchi, filhas de Ricardo Hannuchi, último namorado de Edna

"Meus pais eram de Monte Santo e, em 1993, ficaram sabendo que precisavam de um administrador no sítio de Edna e Marcos, que então se chamava Alvorada. Papai conversou com o Marcos e nos mudamos para lá. Minha mãe cuidava da casa e meu pai dos afazeres, como a criação de suínos, principal atividade à época. Eu tinha cinco anos, mas guardo muitas lembranças. Eram gente muito bacana. Minha mãe até hoje diz que Edna nunca foi uma patroa, e sim sua amiga.

> Como o Neto vinha muito ao sítio, logo ficamos amigos. Vivíamos grudados. Ele almoçava muito na minha casa e passava dias inteiros com a gente. Nós brincávamos muito na piscina e de caça ao tesouro. Também assistíamos a muitos filmes em videocassete. Não me esqueço até hoje de O Rei Leão, que foi um marco em minha vida. Neto foi o meu melhor amigo de infância. Nunca mais perdemos essa ligação. Quando eu tinha 10 anos, meu pai arrumou outro serviço, e voltamos para Monte Santo, onde me formei no ensino médio. Foi lá que soube da morte do Marcos. Ficamos todos muito tristes. Pouco tempo antes, meu pai, o seu Ildeu, também havia partido. Hoje minha mãe, dona Cida, é viúva e moramos em Mococa. Fiquei um bom tempo sem ver o Neto. Só nos falávamos, às vezes, pelo telefone. Mas eu sempre guardei a nossa convivência na infância com muito carinho. O primeiro amigo a gente nunca esquece! Pois ele também não se esqueceu de mim. No ano passado, 2020, Neto me convidou para ser seu padrinho de casamento. Sinceramente, eu não esperava por isso. Neto conhece tanta gente... Fiquei radiante. Isso é um sinal de que nossa amizade é valiosa para ele também. Por causa da pandemia,

"o casamento foi adiado. Tudo bem! Isso me dará tempo para preparar uma roupa à altura desse baita acontecimento."

Rodrigo Guimarães Antonioli, o Guim, 33 anos, filho de senhor Ildeu e dona Cida, administradores do então sítio Alvorada, e amigo de infância do Neto

"Um dos orgulhos da Edna é a plantação de café. É com seus grãos que é feito o café Bacco, cujo nome é uma homenagem ao Marcos, que era um sujeito que curtia muito os prazeres da vida. Cultivamos 12 alqueires de café arábica. É um café muito apreciado no mundo inteiro, pois tem toques de chocolate e mel em seu sabor. A colheita é seletiva. Você separa os grãos e fica só com os vermelhos, madurões. O café é enviado para a cooperativa, onde é processado, e, depois, colocado nas cápsulas. Ralei muito nessa plantação. Quando Marcos morreu, Edna não sabia o que fazer com o cultivo, mas logo descobriu. Um dia, chegou em minha casa, já mandando: 'Abaixa esse rádio e vamos conversar. Você topa ser meu meeiro?'. Eu só pensei: 'Claro! E eu lá sou besta, sô!'."

Valdir Vitor da Silva, 50 anos, administrador do sítio de Cássia dos Coqueiros

"Conhecemos Edna em 2012, quando meu marido, o Valdir, veio trabalhar na colheita de café como boia-fria. Com a saída do Zé Maria, o antigo administrador, Edna convidou o Valdir para ser seu meeiro. Acho que foi pela honestidade, pois meu marido havia recebido um dinheiro a mais dela por engano e o devolveu. Por sete anos tocamos essa parceria, em que Valdir recebia metade das sacas. Edna pagava os insumos e os salários dos colaboradores e os descontava quando era feito o acerto das sacas. Essa parceria durou sete anos, até 2019. Voltamos, então, a ser assalariados e Valdir virou o administrador da propriedade. Sei o que esse sítio significa para a Edna, pois grande parte da vida familiar dela aconteceu aqui. Marcos morreu quando ainda trabalhávamos na colheita. Era dia de pagamento e ficamos todos abalados. Marcos e meu filho, o Valdirzinho, adoravam pitaia, uma frutinha que parece um grande botão de rosa. Fico feliz quando vejo Edna mexendo com flores, uma de suas paixões. Há outro canto do sítio que ela e todo mundo adoram. Edna aproveitou uma nascente e fez uma bica d'água numa grutinha, onde colocou uma imagem de Santa

> Rita de Cássia e São Francisco de Assis juntos à água que cai."

**Gisele Rodrigues da Silva,
32 anos, esposa do Valdir**

"Todos estranham o meu apelido, Zé Tu, que herdei de meu pai. A origem eu não sei. Perdeu-se... Eu e minha mulher, Eliana, trabalhamos há alguns anos com Edna em seu sítio de Cássia dos Coqueiros. Somos caseiros da propriedade. Minha mulher substituiu sua irmã, Gisele, nesse posto. O que eu posso falar de Edna? Dizem que não existem santos na Terra, mas eu acredito que sim. Com seu jeitinho e muita camaradagem, Edna chega perto deles. Além disso, ela é forte. Quando adoeceu, ela ficou bastante emocionada, mas nunca perdeu o sorriso no rosto. É bom vê-la sentada na cadeira de balanço do terraço. A gente não quer que ela trabalhe muito, mas nesse terreno ela não quer saber de ajuda. Bobeou, ela já está colocando a mão na massa."

**José Donizetti da Silva, 56 anos, o Zé Tu, e Eliana
Rodrigues da Silva, 49 anos, caseiros do sítio de
Cássia dos Coqueiros**

"Sou de São Sebastião do Paraíso, mas só conheci a Edna em Franca. Fui indicado para trabalhar como pedreiro por um diretor do Magalu. Cuidei da reforma de sua casa de Franca em 1996. Quando a encontrei, ela me disse: 'Eu tenho um serviço, mas não conheço o senhor. Por isso, tudo o que me desagradar eu vou reclamar com quem te indicou'. Tranquilizei-a e construímos uma relação de muita confiança. Tenho a chave da porta e do controle do portão da sua casa até hoje, pois de tempos em tempos vou lá fazer algum servicinho. Ela é uma boa pessoa que me ajudou muito com favores ou nas horas de aflição. No meu modo de ver, Edna é uma mineira raiz. A família dela é todo mundo."

Paulo Donizette, 65 anos, pedreiro

"Eu sou um desses meteoros que seguem a Edna em seu rastro de luz. Ainda jovem, decidi que faria Farmácia. 'Tem faculdade em Franca', ela me disse. Como era paga, fui morar em sua casa na cidade. Formei-me e fiz cursos em Farmácia Homeopática e Metodologia Antroposófica. Graduado, trabalhei numa farmácia e, depois, num hospital. Que coisa chata. Eu buscava uma visão mais social do "trabalho e me frustrava com essa rotina de apanhar caixinhas de medicamentos e dizer ao cliente: 'Passe no caixa!'. Decidi, então, fazer uma extensão de Farmácia Fitoterápica em Goiânia. Foi um divisor de águas. Quando voltei para Franca, trabalhei um breve período com cosmetologia. Em 2005, após a morte de sua enteada Janaína, Edna criou com seu marido Marcos a Amarja, entidade voltada à recuperação e à reinserção social de dependentes químicos, em especial de álcool e crack. O local foi batizado como Recanto Janaína, em homenagem à filha do Marcos, que morrera um pouco antes, e tinha esse sonho de montar a clínica. Fui convidado a integrar a diretoria da entidade. Jamais imaginei que fosse permanecer tanto tempo nela. Mas é um trabalho lindo! Como eu era um profissional de cura, vislumbrei, então, a oportunidade de realmente me encontrar profissionalmente. Percebi que a minha formação faria toda a diferença nesse lugar em que os cuidados com os 'alunos', como os chamamos, eram decisivos. Afinal, todos os que davam entrada ali se encontravam num avançado processo autodestrutivo. Sob a liderança de Edna, reformulamos o formato da gestão da Amarja. Nossa luta hoje, além de cuidar dessas pessoas, é pela sustentabilidade da instituição. Somos "voltados para a cura, mas temos de nos equilibrar financeiramente como qualquer outra empresa. Cura, para a Amarja, é o resgate do equilíbrio humano. A dependência química é uma doença crônica, cuja superação só pode ser alcançada através do resgate da saúde, da qualidade de vida e, principalmente, dos vínculos sociofamiliares dos alunos. Nossa principal fonte de receitas vem das notas fiscais paulistas. As pessoas se cadastram em nosso site e, sempre que a pedirem e nos enviarem os recibos, o imposto a ser pago vem direto para a instituição. Agora que você sabe disso, espero que contribua também. Últimas palavras: no meu caminho profissional me deparei com grandes líderes. Mas eu diria que tia Edna foi a grande mentora de meu desenvolvimento pessoal e profissional."

Lécio Honorato Pereira, 38 anos, sobrinho

"Pouco tempo após eu começar a namorar o seu sobrinho Lécio, Edna me convidou para uma reunião na Amarja, em que foi inaugurada uma nova cozinha. Marcos, seu então marido e também fundador da entidade, pediu que eu fizesse um trabalho de terapia em grupo com as famílias dos dependentes químicos internados na instituição.

"Hoje somos próximas, e ela é muito amorosa com todos nós, agregados à família. Isso faz com que todos nós nos sintamos como se já fizéssemos parte efetiva dela. Entre os seus inúmeros ensinamentos, aquele que guardo com maior ternura é o seguinte: 'Saber aproveitar o que se tem da melhor forma possível'. A Amarjá é uma prova viva dessa crença dela. Criada em 2005, a entidade passou por inúmeras turbulências, principalmente financeiras. Não é fácil tornar uma ONG sustentável e mesmo geri-la. A vontade de agir é muito grande, mas as receitas, além de oscilar, são limitadas. Quantas vezes não vi as pessoas dizendo, apavoradas: 'Vai fechar!'. Edna sempre dizia: 'Vamos em frente!'. Ela tinha muita fé e a passava para os demais. Seu olhar nunca foi de acomodação, e sim de impulsão. Era uma lição sobre como lidarmos com as situações ameaçadoras da melhor maneira possível, com os recursos que tínhamos à mão. Sempre com muita fé e positividade."

Ana Lúcia Tavares Honorato Pereira, 44 anos, esposa do sobrinho Lécio

"Conheci a Edna e o Marcos algum tempo após a morte de Janaína, em um grupo de aperfeiçoamento da espiritualidade do Centro Espírita Cristo

"Consolador, criado em 2005. No ano seguinte, ela me convidou para assumir a vice-presidência da Amarja, que atualmente eu dirijo. Sempre trabalhamos em grande sintonia e com absoluta confiança recíproca. Foi nesse período que a entidade se mudou de Cássia dos Coqueiros para Franca. O grande sustentáculo de nosso trabalho é a espiritualidade. Por uma razão muito simples. Os alunos chegam aqui tão devastados psicologicamente, que nosso papel imediato é resgatá-los desse limbo emocional. Guiamo-nos pela doutrina espírita, mas sem proselitismo. Cada um tem sua Bíblia e a lê de acordo com o seu próprio entendimento. Enfrentamos na pandemia um grande desafio, pois as saídas e visitas foram canceladas. Graças a Deus, não tivemos nenhum caso de Covid. Edna foi rigorosa no sentido de que adotássemos todos os cuidados que a situação exigia. Ela é bastante perfeccionista, mas traz a todos muita segurança, por ser extremamente espiritualizada e ter uma intuição incomum. Edna é muito especial. Espero que todos saibam disso."

Elécio Barbosa da Silva, 51 anos, presidente da Amarja

> "Aos 14 anos eu já consumia álcool, maconha e cocaína. Até aí, tudo bem. Casei-me por volta dos 30 anos com a Eliza e tivemos quatro filhos. Até aí eu me equilibrava bem com as drogas. Mas, em 1992, apareceu o crack. Foi o grande estrago em minha vida. Em pouco tempo, a droga tomou conta de mim. Não tinha mais vontade de trabalhar nem de fazer coisa alguma. Começamos a brigar demais, e eu saí para a rua. Conheci outras pessoas na mesma condição. Dormíamos em qualquer marquise e pedíamos dinheiro nos faróis. Às vezes, encontrava o Lécio, sobrinho da Edna que trabalhava na Amarja, num desses semáforos. Ele me perguntava se eu não queria ir para a clínica. Eu relutava... Foi assim por mais uns dois anos. Até que cheguei a um momento sem volta. Eu e meu amigo Geraldo dormíamos no quiosque de um bar da periferia de Franca e acordamos de madrugada com abstinência. De repente, ele me disse: 'Estamos em rota e colisão. Vamos nos arrebentar'. Aquilo acendeu uma luz em ambos. Decidimos nos internar. Esperei dias até o Lécio passar pelo tal farol. Um dia o encontrei e, no seguinte, fui para a Amarja. Ao chegar, eu não via a menor chance de mudar. Eu estava blindado pela droga. Com o tempo, fui vendo que havia ali uma oportunidade de enfrentar o leão do vício que

"me habitava. Percebi que o meu pior inimigo era eu mesmo. Ao longo desse trabalho, minha família se reaproximou de mim. Mas minha mulher entrou em depressão e se suicidou. Meus pais passaram a cuidar de meus filhos quando a mais nova tinha cinco anos. Por incrível que pareça, esse episódio me deu forças. Minha força de vontade se amplificou, graças ao apoio técnico e humano de toda a equipe e dos outros alunos. Ali eu aprendi a decidir e a refletir sobre as minhas próprias escolhas. Isso é a base de tudo. Acabei parando com tudo, até o cigarro. Quando recebi alta, após um ano e oito meses, fiquei triste por ter de deixar aquele lugar tão acolhedor. Mas precisamos enfrentar a batalha da vida. Sempre que um aluno deixa a Amarja, desejamos sorte para que ele não volte. No começo, a gente estranha a vida aqui fora. É preciso ser forte nessa subida. Graças a Deus e à Amarja, já estou limpo há seis meses. Mesmo sendo difícil, é espetacular você retomar as rédeas da própria vida. Hoje sou voluntário da Amarja, pois conheço profundamente o drama que cada um de seus alunos vive e a seriedade com que a equipe da entidade nos ajuda a enfrentá-lo."

Paulo César Martins de Souza, 49 anos, ex-aluno e atual membro da equipe Amarja

"Quinze anos atrás, havia em Franca um grupo de estudos que se reunia às segundas-feiras. Dele faziam parte o Doutor Lázaro, com quem eu havia feito uma cirurgia bariátrica delicada, Edna e também o meu marido. Acabamos nos aproximando e conheci o Marcos e o Neto. Pouco tempo mais tarde, fui visitar a Amarja, que ainda ficava em Monte Santo. Fiquei encantada! Quando a entidade mudou-se para Franca, Edna me contratou para fazer uma limpeza energética na nova sede. Foi um dos trabalhos mais intensos que realizei em minha vida. Passamos, então, a realizar sessões regulares, às sextas-feiras pela manhã. Usávamos várias técnicas: reiki, meditação, magnified healing (cura potencializada). Era raro o dia em que algum aluno não participasse. O Marcos andava muito triste por causa da perda de sua filha Janaína. Certo dia, recebi uma mensagem dela, dizendo que estava bem e que ele precisava ficar bem igualmente. No dia seguinte, atendi o Marcos. Pois não é que, ao terminar a sessão, tocou na rádio uma música chamada Janaína? Passados alguns anos da morte do próprio Marcos, sonhei com ele. Fui narrar o sonho à Edna: 'Vim te dar um abraço e dizer que está tudo bem com ele. No sonho, estávamos no sítio, e ele

> me deu uma rosa vermelha'. Abracei-a como se eu fosse o próprio Marcos. Ambas caímos num choro profundo. Na verdade, quase um berreiro."

Cláudia Paim Shakti, 47 anos, amiga

"Comecei a trabalhar com Edna 15 anos atrás, como empregada em sua casa. Cuido da sua alimentação e de suas roupas. Eu tinha quase 60 anos quando fui contratada, o que já não é muito normal. Aprendi o seu gosto, o do Marcos e toda a família. Ela é fã da alimentação saudável. Há anos não come carne vermelha. Ela ama um prato com feijão, arroz, ovo frito e abobrinha refogada. Abobrinha é o seu deleite. Também adora bacalhau. Edna cozinha muito bem. Seu frango caipira é uma delícia que muitos apreciam. O que mais admiro nela, porém, e a sua generosidade. Empregou-me com quase 60 anos e vem me ajudando por esses anos todos. Graças a ela, pudemos quitar a nossa casa própria. Ela me chama de segunda mãe. Ouvir isso é muito gratificante. 'Onde uma mulher chama uma empregada de segunda mãe?'"

Maria Isabel Cintra, a Bel, 72 anos, empregada doméstica e 'segunda mãe'

> "Quando o Marcos, esposo de Edna, faleceu, Edna me pediu que cuidasse do inventário. Pude, assim, demonstrar um pouco da minha gratidão, mesmo sabendo que seria pouco comparado ao que ela me proporcionou no que se refere ao meu crescimento pessoal e profissional."

Antônio Aparecido Diógenes, 49 anos, Gerente Executivo de Clientes do Consórcio Luiza

"Peço perdão para iniciar esse depoimento com uma brincadeira. Costumo dizer que, entre os meus inumeráveis defeitos, desponta uma única qualidade impressionante: a de sempre saber escolher um sucessor ou sucessora que seja muito melhor que eu. Edna é a prova viva de que digo a verdade. Quando ela passou a integrar o conselho das Abac (Associação Brasileira das Administradoras de Consórcio), em 2019, ela profissionalizou nossa gestão e nos ajudou a enfrentar aquela que foi a pior crise do setor em sua existência. Na esteira do Plano Real, o Banco Central havia suspenso os consórcios em todo o Brasil. Eu mesmo viajei muito a Brasília, visitando ministros e outras autoridades, a fim de que flexibilizassem as normas nessa batalha pela recomposição do segmento. Edna teve uma participação notável "na continuidade desse esforço. Construir um forte relacionamento com o Banco Central foi uma de suas conquistas. Foi um grande avanço para todo o sistema. A título de comparação: em 1995 havia no Brasil 1,8 milhão de consorciados ativos. Em 2020 essa cifra chegou a 8,8 milhões, praticamente cinco vezes mais. Além disso, Edna sempre batalhou para que nosso segmento melhorasse a qualidade de suas vendas. Ela deu um grande impulso nesse sentido ao passar a certificar as boas práticas para as administradoras. A Abac sempre realizou suas eleições em chapas únicas, pois o consenso sempre prevaleceu na construção das candidaturas. Foi natural, portanto, que Edna assumisse a presidência de nosso Conselho Nacional com o fim de meu segundo mandato, já que uma nova reeleição é vetada por nossos estatutos. Este ano, 2021, ela inicia o seu segundo mandato, plenamente legitimado por sua gestão ponderada e agregadora à frente da entidade. Seguimos, agora sob sua liderança, nossa batalha pelo engrandecimento e sustentabilidade de nosso setor. Eu avisei no início. Sei escolher sucessores muito melhores que eu mesmo."

Vítor César Bonvino, 70 anos, antecessor de Edna na presidência do Conselho Nacional da Abac

"Criada em 1967, a Abac (Associação Brasileira de Administradoras de Consórcios) reúne hoje 142 administradoras de consórcio e 17 outras empresas como associados especiais. Elas representam 95% dos consorciados ativos. Seu papel é conciliar os interesses do setor. Quando se sentam nessa mesa, todos são parceiros em busca de estratégias e boas práticas para o segmento como um todo. Pessoas que chegam a essa posição são profissionais altamente qualificados e já reconhecidos por seu trabalho. Edna é uma das craques desse time. Hoje preside nosso Conselho Nacional, para cuja criação ela empreendeu grandes esforços. Ela tem olhar profundo sobre o segmento e um senso estratégico apurado para maximizar nossos avanços. Ela criou, por exemplo, o comitê de inovação, um atributo que ela parece trazer em seu DNA. Criamos, sob sua gestão, a Hackathon, uma maratona de inovações, ideias e iniciativas voltadas à modernização do segmento. Sua outra grande marca é a preocupação com as pessoas, sejam colaboradores, parceiros ou um dos oito milhões de consumidores que hoje possuem ao menos uma cota de consórcio em todo o Brasil. Ela tem uma percepção claríssima da individualidade desses clientes, suas necessidades

> e aspirações. Quanto aos colaboradores, sempre batalhou por sua capacitação permanente. Edna foi a grande responsável pela impulsão do processo de certificação de nossos profissionais, um legado que já trazia do Grupo Magalu, e que teve forte impacto na qualidade das vendas. Coroando esse perfil, ela é sensitiva, muito movida pela fé e por sua intuição espantosa. Em 2023, ela terminará seu mandato à frente da Abac. Mera formalidade, pois não tenho dúvida alguma de que será reconduzida ao posto."
>
> **Paulo Rossi, presidente executivo da Abac**

"Três anos atrás, eu era presidente da BB Consórcios. Lá sempre procurei conhecer todos os players e o trabalho da Abac. Virei conselheiro e, depois, presidente do Conselho Regional para o Norte e Nordeste. Comecei a conhecer bem o mercado. Tenho 33 anos de BB, 12 deles dedicados à área de consórcios. Após minha aposentadoria, apontei minha flecha para a iniciativa privada e, nesse sentido, a Abac se tornou um depósito de oportunidades. Um dia, após uma reunião da Abac, Edna me procurou e disse que estava vivendo um novo momento no Consórcio Magalu, pois precisava reestruturar a governança e profissionalizar a gestão.

> A operação enfrentava um momento de grandes mudanças e precisava atestar sua força através das vendas. 'Se vocês conhecerem uma pessoa qualificada, aceito indicações', ela me disse. Puxei o meu cartão e disse: 'Está aqui minha indicação'. Ela não acreditou... Começar mais abaixo não me importava, pois eu tinha clareza quanto à minha capacidade e queria dar um novo impulso ao meu crescimento profissional. Em seis meses, deixei o BB, no dia 4 de abril de 2019. No dia 25, eu já estava trabalhando no Consórcio Magalu. Meu grande desafio era tornar o Consórcio Magalu ainda mais relevante, profissionalizar a empresa e dotá-la de uma pegada diferente. Edna recebeu o ok para investir e fazer o Consórcio crescer em novos patamares e com uma agilidade redobrada. Enfim: comandados por ela, realizamos uma nova decolagem. Estou certo de que, nos próximos cinco anos, amplificaremos a liderança e o porte do Consórcio Magalu. Já estamos em pleno voo."

Alexandre Santos, 54 anos, diretor administrativo do Consórcio Luiza

"Em 2019, Edna nos convidou para o evento de sua posse na presidência da Abac. Fomos os três, Marcelo, seu irmão, com quem sou casada,

> nossa filha Vitória e eu. Para Marcelo e Vitória, foi a primeira. O destino era Gramado. Ali pudemos perceber o quanto a Edna é competente, querida e admirada. Sempre havia um círculo de gente ao redor dela. É incrível como ela consegue trazer as pessoas para o seu lado e mantê-las em seu coração. Coisa de gente abençoada..."
>
> **Rizoneide de Araújo, 50 anos, cunhada, casada com o irmão Marcelo**

"O grupo Mulheres do Brasil surgiu em 2013, após uma visita que a Luiza Helena Trajano fez à presidente Dilma Rousseff. Luiza levou várias mulheres a esse encontro. Surgiu, então, a ideia de reunir as mulheres em um movimento cujos eixos fossem a formulação de políticas públicas voltadas ao gênero e, principalmente, para despertar nas mulheres, em especial as mais jovens, a capacidade de desenvolver os seus potenciais e realizar os seus sonhos. Mulheres empresárias aderiram ao movimento, implantando políticas sociais e de gênero em suas organizações. Edna logo aderiu à iniciativa, que já reúne 500 mulheres apenas em Franca e centenas de milhares por todo o Brasil. Ambas integramos o Comitê Vozes. Nosso foco prioritário são as mais jovens, pois é nessa fase "que elas se sentem em crise, uma vez que suas referências de trabalho quase sempre são os pais. Essa batalha ganha particular relevância quando constatamos que, no Brasil, seis em cada dez jovens estacionam no mesmo nível educacional de seus genitores. Edna sempre foi uma participante muito ativa do grupo. Suas palestras, em que narra sua origem humilde, vinda da roça, e os inúmeros episódios de superação que protagonizou ao longo da vida deixam as ouvintes fascinadas. Edna já foi até modelo num desfile de moda beneficente. A presença dela em si é uma autoridade. Em tempo, para que não paire nenhuma associação injusta ao feminismo: o grupo Vozes Homens do Brasil já está em fase adiantada de gestação."

Lila Crespo, 61, integrante do comitê Vozes do Grupo Mulheres do Brasil

"Trabalhei no Magalu por 31 anos e meio, até janeiro de 2016. Em 2010, fui transferida para João Pessoa para assumir a integração da rede de lojas Maia (com 140 unidades), base da expansão para o varejo nordestino. Edna era, comercialmente, muito agressiva. Ela pegava o talão de cheques e

> desafiava os gerentes de vendas a cumprirem suas metas. 'Aqui está aqui a recompensa!', ela dizia. 'Só que esse cheque não vai para você. Vai para a sua mulher.' Com isso, ela acabava criando um tremendo envolvimento de cada vendedor e sua família com as metas do trabalho. O comprometimento da força de vendas disparou com seu estilo. Se o vendedor não conseguisse dar conta dos desafios, era a esposa dele que tinha de devolver o cheque para ela. Nosso tempo ainda foi muito marcado pelo machismo, mas a Edna não se incomodava. Ela traz o feminismo e o empoderamento da mulher desde o berço. É um traço da sua personalidade. Mas ela não abre mão de sua feminilidade. Tenho uma única queixa de Edna. No meu chá bar de casamento, ela prontificou-se a fotografar a cerimônia. Fez centenas de fotos, de toda a turma presente. Ela capturou momentos lindos. Fiquei felicíssima! No dia seguinte, porém, ao encontrá-la, ela me confidenciou muito sem graça. 'Ai, amiga; eu me esqueci de colocar o filme na máquina... Jura que um dia vai me perdoar?' Eu perdoei imediatamente".
>
> **Mariza Teófilo, 58 anos,**
> **amiga e ex-gerente Magalu**

"Além de ter empreendido sempre, Edna é alguém que agrega fortemente as pessoas. Em sua carreira, ela foi juntando aliados, montando exércitos (no bom sentido), para irem levando adiante tudo aquilo que ela lançava. Pois, às vezes, uma pessoa tem uma grande ideia, coloca um negócio legal de pé, mas ele acaba não sobrevivendo ao empreendedor que agregava. Edna é muito forte para formar outras pessoas e equipes, escalar ideias. Tudo que ela criou ficou grande! A Magalu já nasceu com esse DNA de inovação, de experimentar coisas à frente do seu tempo. Com o advento dos meios digitais, essa atitude passou a ter uma abrangência e uma capilaridade muito maiores. A Edna é uma profissional extremamente aberta ao novo. Então, ela tem o espírito do digital em si mesma. É aberta ao novo e àquilo que vai conectar muita gente, gerar escala e mudar o status quo. Ela sempre exerceu uma liderança muito positiva sobre o grupo com sua dimensão feminina. Edna tem um interesse muito grande tanto pelo digital quanto pela área de pessoas, que está muito relacionada a ele. Afinal, nossas plataformas digitais conectam pessoas – e disso ela entende profundamente."

Talita Paschoini, 34 anos,
Gerente do Luiza Labs Magalu

> "Edna sabe cativar seus colaboradores, oferecendo-lhes um ambiente de acolhimento e confiança para que cada um possa dar o melhor de si. Acho que isso é fruto de seu enorme carisma e de sua capacidade de compartilhar emoções tanto no trabalho quanto na vida pessoal. Temos uma forte ligação emocional. Eu tenho uma única irmã que faz aniversário no mesmo dia que a Edna. Eu sempre peço para ela celebrar um dia antes para que eu possa estar com a Edna no dia seguinte".
> **Rosalva Aparecida Gonçalves, 53 anos, amiga**

"Edna é um pouco de tudo em minha vida: mãe, tia, madrinha, irmã, amiga... Cabe tudo na pessoa maravilhosa que ela é. Nasci em Goiânia, mas logo mudei-me para Itamoji, cidadezinha próxima a São Sebastião do Paraíso, onde, mais tarde, a conheci. Com 44 anos, comecei a trabalhar em sua casa. É até difícil dizer o quanto ela me ajudou ao longo daqueles dois anos. Meus filhos e netos que o digam. Edna sempre os cobriu de afeição. Essa proteção me alcança até hoje. No ano passado, meu marido Mário teve uma infecção renal e precisou ser entubado. Ela nos ofereceu todo suporte nessa batalha. Sou tão grato a ela que compus

> uma canção em sua homenagem. Fiz questão de cantá-la para ela. Pelo sorriso e abraço que ela me deu ao final, acho que gostou bastante."
>
> **Rosa Helena de Andrade Silva, 49 anos, ex-empregada na casa de Edna**

"Desde janeiro de 2011 sou gerente da área de gestão de grupos. O Consórcio Luiza era uma empresa pequena quando comecei, três anos antes. Ninguém imaginava que iria crescer tão vertiginosamente. Hoje a companhia tem mais de mil pontos de venda (lojas), cerca de 600 gestores de negócios e segue expandindo e atraindo novos parceiros. Desde que a conheci, Edna sempre foi uma liderança inspiradora, na qual eu me espelhava para avançar profissionalmente. Sempre admirei seu equilíbrio entre o lado corporativo e o lado humano. É extremamente difícil dar conta de ambos com a mesma intensidade. Pouquíssimas pessoas conseguem essa que eu considero uma proeza. Numa reunião de diretoria, em 2015, houve uma dinâmica de integração. A ideia era a de que nos imaginássemos fazendo algo que nunca havíamos feito. Eu e Edna respondemos a mesma "coisa: 'saltar de paraquedas!'. Nesse momento, ela lançou um desafio: 'Então vamos pular juntos'. Como eu nem sabia se queria realmente saltar, fiquei assombrado. Mas, se ela tinha coragem de ir, como eu poderia dizer não? Alguns meses mais tarde, em outubro, fomos para Boituva, no interior de São Paulo. Ela, eu e outro gerente, o Edvaldo. Era outubro de 2015. Saltamos os três com o instrutor e o cinegrafista em outro paraquedas. Edna foi a primeira a saltar, reafirmando seu espírito de liderança. Eu fui o seguinte, mesmo sem nunca ter andado de avião, mas não disse nada disso a eles. Quando pulei do avião, caí veloz, feito uma bola de chumbo. Veio, então, o arranco da abertura do paraquedas, que me estabilizou lá em cima. Aí você se tranquiliza e começa a curtir o mundo visto do alto. Senti uma enorme sensação de liberdade e paz. Pousei tranquilamente. Pus os pés no chão e disse: 'Eu consegui!'. Teria até voltado. Daquela visão tão linda, nada de nunca mais. Um dia ainda salto outra vez."

Samuel Cândido Marcelo, 45 anos, gerente de área da Consórcio Luiza

" "Eu estava no Consórcio Luiza já havia algum tempo, como gerente administrativo, quando o Agenor, o antigo diretor executivo, pediu demissão e a Edna foi escolhida para o seu posto. No começo, confesso que ficamos resistentes à ideia de sermos comandados por alguém de fora e, ainda por cima, por uma mulher. A largada foi um tanto difícil, Edna foi rapidamente conquistando os colaboradores, do mais humilde aos gerentes. Graças a seu lado humano expansivo e empático, ela deu um show na gestão do negócio. Edna foi a grande líder no processo de crescimento dessa área e a maior responsável pela criação de uma nova cultura e ambiente organizacionais, claramente marcadas pela qualidade das relações interpessoais e por oportunidades de crescimento para todos. Essa não é uma opinião só minha. Está aí, como prova, o prêmio Great Place to Work, em que sempre figuramos como uma das melhores empresas para se trabalhar no Brasil."

José Costa Araújo Júnior, o Zezinho, ex-gerente do Consórcio Magalu

"Sob sua gestão, o Consórcio Luiza cresceu e hoje é reconhecido como uma das melhores empresas para se trabalhar no Brasil. Orgulho-me demais

> dessa conquista. Independentemente de prêmios, porém, o retorno maior é poder participar e estimular esse ambiente gostoso, praticamente uma família que nos acolhe e aposta no potencial de cada colaborador. É uma empresa muito especial, em que competência e afetos são igualmente valorizados. Hoje procuramos combinar as novas gerações a profissionais mais idosos. Essa aposta na diversidade e a combinação de jovens talentos e profissionais mais experientes é uma das tantas marcas registradas de Edna em seu estilo atilado de liderança e gestão."

Andresa Carla Ferreira, 40 anos, gerente de gestão de pessoas no Consórcio Magalu

"Conheci Edna através da Luiza Helena. As personalidades das duas me parecem bastante espelhadas. Ambas são um retrato fiel do DNA do Magazine Luiza. Em Edna, sempre me chamou atenção sua percepção muito próxima das pessoas que estão na ponta do negócio, sejam os clientes ou os vendedores. Devido à sua origem e postura humilde, as pessoas veem nela um exemplo factível, alguém cujos comportamentos elas podem seguir com confiança. Ela contrata pessoas inteligentes, sem medo de que venham a lhe fazer "sombra. O que conta, para ela, é a contribuição que elas podem dar à equipe e ao negócio. Edna, portanto, é uma leader for all, uma líder para todos, qualquer pessoa em qualquer posição. Com isso, ela estimula fortemente a criatividade no ambiente organizacional, abrindo assim as condições ideais para que a diversidade e a inovação aflorem com toda a força. Edna consegue isso por meio das pessoas, e não através delas, como tantos executivos endeusados atualmente. Edna empodera as pessoas segundo a competência de cada uma delas. Como todo leader for all, ela exibe comportamentos em que todos possam seguir e se mirar. Edna é um espelho possível. E também uma personagem de primeira linha nos anais do GPTW."

Ruy Shiozawa, 63 anos, CEO do Great Place do Work

CAPÍTULO 9
Abismo de luzes

APESAR DE TODAS AS ATIVIDADES NO CONSÓRCIO, NO sítio, na Amarja, na Abac, no grupo Mulheres do Brasil e, obviamente, junto à família, eu estava viajando pouco por causa da pandemia e podia fazer natação, que era uma ideia com a qual eu sempre havia simpatizado. No dia 3 de dezembro de 2020, eu fui à academia, fiz a aula, fui a duas reuniões na empresa e, por fim, à manicure. Um dia como qualquer outro. No trajeto, porém, eu não conseguia perceber com clareza a distância entre os carros. Joana, minha manicure, é uma amiga, confidente e terapeuta. Faço minhas unhas com ela há quase 30 anos. Ela estava com muita vontade de conversar, mas eu não conseguia registrar bem o que ela dizia. Passei, então, a ter ausências, e sentia muita dificuldade em expressar meus pensamentos. Pedi que chamassem o Luiz, meu motorista. Eu tinha uma consulta com o doutor Lázaro, que além de médico é meu amigo, marcada para essa mesma tarde.

Quando o Luís veio me buscar, percebi que, durante o percurso de não mais do que dez minutos até o consultório, minhas ausências aumentaram, a ponto de ele me fazer algumas perguntas para se certificar de que eu estava consciente. Ao chegar ao consultório, eu disse que não estava bem e enfrentei certa dificuldade para caminhar. O doutor Lázaro me examinou e decidiu me transferir para o hospital, que fica bem em frente ao seu consultório. Sua assistente me levou de cadeira de rodas por uma entrada pelos fundos. O primeiro diagnóstico foi o de um AVC isquêmico, mas eu, com a minha teimosia, cismei que não havia sido isso. Minhas ausências foram aumentando, e eu comecei a ter uma dor de cabeça lancinante e a vomitar. Fiquei em observação e logo fui para a UTI. Lembro-me da presença de Isabela Gera, minha assistente, que, junto com o Luiz, permaneceu comigo ao longo dessas horas críticas. Isabela me convidou para que fizéssemos uma prece. Essas duas presenças foram extremamente reconfortantes.

Minha consciência ia e voltava. Eu via as pessoas, mas nem sempre conseguia me lembrar de seus nomes ou de onde as conhecia. Minha mente parecia envolta por uma densa névoa. Meu filho Neto chegou à tarde, vindo de São Paulo. Estavam todos muito assustados com o meu quadro clínico. Eu via o doutor Lázaro, muito atencioso, me acompanhando, e um mundo de gente preocupada comigo, rezando por mim e querendo saber notícias. No dia seguinte, após realizar uma ressonância magnética, tive o diagnóstico da neurologista: era um neuroblastoma, tumor no cérebro que precisava ser extraído com urgência. Isso nos abalou profundamente. Era como se, a partir daquela notícia, a minha cabeça não me pertencesse mais. Era estranho, mas eu não conseguia senti-la sobre o pescoço.

Foi um momento muito difícil para mim, meu filho, minha nora, minha mãe e minha família. Para todos. Meus colaboradores e colegas de empresa, mobilizados pela notícia, formaram uma grande corrente de orações e solidariedade. Foi um choque muito grande, pois eu sempre fui uma pessoa muito saudável. No máximo, eu tomava alguma medicação, mas sempre homeopática. A Bel, que trabalha em casa há mais de 15 anos, sempre dizia que, se ela precisasse de um Melhoral, tinha de ir à farmácia comprar, pois eu nunca fui de remédio, mas sempre cuidei da prevenção. Cuidava do corpo, com natação e caminhadas, e da mente, com terapias e o exercício da espiritualidade. A minha alimentação era a mais natural possível. Havia anos já deixara de comer carnes vermelhas.

Mesmo estando num bom centro médico, meu filho e minha nora disseram que se sentiriam mais seguros se eu fosse para São Paulo. O cirurgião de Franca não foi dos mais acolhedores, o que nos deixou apreensivos. O Neto, que já era órfão de pai, estava agora enfrentando tudo aquilo. Nossa grande preocupação era como dar a notícia para a minha mãe da melhor maneira possível. Liguei para ela a cada novo passo, tentando tranquilizá-la. Foi quando recebemos a indicação do doutor Wen Hung Tzu, cirurgião neurologista, e, depois de conversarmos com ele, decidimos ir para São Paulo já no sábado cedo. O doutor Lázaro amorosamente nos acompanhou nessa viagem e na própria cirurgia, o que transmitiu grande tranquilidade a todos. Sua presença foi um bálsamo naquelas horas difíceis.

Por mais delicado que fosse, eu e Neto conversamos muito naquela noite de sexta para sábado. Trocamos ideias sobre o que poderia acontecer, o que ficaria, quais eram as minhas expectativas, que ele agisse como achasse melhor e, sobretudo, como ele deveria tratar as pessoas do nosso relacionamento. Acredito que isso foi muito bom tanto para mim quanto para ele. Sei que ele chorava longe de mim, já que é uma pessoa muito fechada. Deve ter conversado com o doutor Lázaro e com o Lécio, meu sobrinho, ou com as pessoas mais amigas. Como a nossa rede de relacionamentos é muito vasta, comecei a sentir que havia uma vibração positiva muito intensa a nosso favor. Mas eu não estava preocupada. Estava muito consciente de que, se aquela fosse a minha hora, eu estaria tranquila e que, por mais que isso fosse doer para a minha mãe e para o meu filho, eu deixava o desfecho nas mãos de Deus. É como diz Jesus em seu sermão *As Preocupações da Vida*: "Quem, por mais forte ou sábio que seja, poderá adicionar um instante sequer à própria vida?".

Fomos para São Paulo. No Hospital Samaritano, a conversa com o doutor Wen foi muito animadora, transmitindo otimismo para mim e para todos. Ele é uma pessoa terna, de uma competência e amorosidade sem fim. Ele preferiu fazer a cirurgia no domingo. Preparei-me com muita fé. Ele nos esclareceu tudo. Disse que, apesar de ser uma cirurgia de risco, estava tudo tranquilo. Eu não consigo encontrar uma palavra para transmitir meu sentimento. Se tivesse de escolher uma, eu diria que era de serenidade. Com a minha crença, eu sabia que poderia até ficar sem o meu corpo físico, mas que continuaria fazendo o que tivesse que fazer. Eu estava entrando para a cirurgia praticamente convencida de que ela passaria e de que, em breve, eu voltaria à minha vida.

Desde que souberam da notícia, meu filho e minha nora não arredaram pé, sempre junto comigo, dando todo o apoio, carinho e amor que alguém em minha situação pode desejar. Eles se encarregaram de todos os detalhes. Fizeram grupos para dar as notícias, pois era muita gente: familiares, amigos, vizinhos, colegas de trabalho, colaboradores. Foi tocante ver todas essas pessoas nos transmitindo suas energias mais positivas.

Um pequeno e muito relevante flashback. No dia 1º de dezembro, dias antes de meu problema aflorar, eu havia sido convidada para fazer um estudo espírita num Centro Espírita de Franca. Minha assistente até me alertou de que não havia lugar na agenda, mas para isso haveria, sim. Fiz o estudo, tomei o passe e fui embora. Depois da cirurgia, fiquei sabendo que a médium que me dera o passe recebeu a informação de que eu estava com esse tumor e que, num esforço mediúnico, os mentores espirituais conseguiram movê-lo do centro do cérebro para uma região mais à esquerda, junto ao crânio. Foi exatamente esse quadro que o doutor Wen encontrou após conferir o resultado da ressonância. Ele disse que aquela posição do tumor realmente era um facilitador para a cirurgia. Se os médiuns mudaram ou não o lugar do tumor, nunca saberemos. Eu, particularmente, acredito. Então, eu tive a certeza de que, a partir daquele momento, a divindade estava do meu lado.

A cirurgia durou das 7h às 16h30, acompanhada pelos médicos, mas, principalmente, pela bondade divina dos mentores e pela quantidade de orações que eu recebi. Entrei no centro cirúrgico muito tranquila. Acordei, horas mais tarde, ao lado do médico, do Neto, da Júlia e de minha irmã Janei. Eu estava muito bem. Até minha cabeça havia voltado para o devido lugar. Consegui fazer um vídeo para a minha mãe e para as pessoas que estavam preocupadas comigo.

Às 17 horas todos foram embora. Eu fiquei sozinha na UTI e não tinha um pingo de sono. Sem conseguir dormir, cerrei os olhos e senti que alguém segurava a minha mão esquerda. Percebi que era o Marcos quem estava ali, pois eu conhecia de cor a sensação de sua mão sempre que se enlaçava à minha. Foi então que eu, plenamente acordada e consciente, pude ver uma das cenas mais tocantes de minha vida. Foi, decerto, a coisa mais linda que meus olhos já presenciaram. Comecei a ver muitas pessoas que, independentemente da religião, fizeram preces para mim. Esse desfile durou até as 10h da noite. Foi uma cena luminosa. Eu não consegui dormir naquela noite, mas me senti muito bem, pois a vida estava sorrindo para mim. É como se o rosto e o sentimento de cada um que estava vibrando por mim chegassem à minha mente de uma forma desimpedida e intensa.

O prognóstico era de que eu ficasse cinco dias na UTI, mas, no dia seguinte, já fui para o quarto. Todo mundo ficou impressionado com a minha recuperação. Eu não tinha tido mais nenhuma ausência ou perda de memória. Conseguia registrar tudo. Sentia apenas uma certa dificuldade motora. Às vezes, ao andar, eu ficava um pouco sem rumo, ou então errava ao tentar colocar a escova de dentes de volta no estojo. Pequeninas dificuldades. Na quinta-feira, o doutor Wen me deu alta, e toda a equipe do hospital ficou encantada com o meu quadro clínico. Depois até consegui acompanhar a entrega virtual do prêmio Reclame Aqui e parabenizar toda a equipe.

Durante minha recuperação, eu fiquei em São Paulo e recebi todo o carinho e a atenção das pessoas. Devo-lhes muita gratidão. Fiquei um bom tempo sem meu celular e Neto, Julia e a Janei, que ficaram com o aparelho, se impressionaram com a quantidade de mensagens recebidas. Encontrei no apartamento do Neto um ninho de paz, pois ele e Julia não mediram esforços para me ver bem amparada. Eu sentia as boas energias pulsando. O doutor Wen me encaminhou para o oncologista, doutor Marcelo Aisen, e eu iniciei imediatamente os tratamentos de rádio e quimioterapia. Graças a Deus, não tive nada, nenhuma sequela ou mal-estar excessivo. Segui minha vida normalmente. A partir do dia 12 de dezembro, eu já estava participando de algumas reuniões da Abac, Amarja e do próprio consórcio. Sei que recebi uma grande graça. Obrigada a Deus e às pessoas!

Passados alguns dias, meu terapeuta, amigo e mestre Roberto Ziemer ficou muito impressionado com a minha disposição. Ele disse, então, que eu deveria escrever um livro. Essa ideia ficou na minha cabeça. Afinal, eu já tive um filho e plantei muitíssimas árvores. Só de ipês devo ter plantado umas 120, e já estão quase todas florindo. O tempo passou, eu contei isso para a Thais Hannuch, filha do Ricardo, que achou a ideia ótima, mas não avançamos no tema. Após alguns dias reencontrei a Thais, sua irmã Sheila e família para um café. O assunto veio à baila novamente. Nesse mesmo dia, assim que cheguei em casa, fui tomar banho e escutei uma voz muito clara, que me dizia: "O seu livro deve se chamar *Simples Assim*".

Decidi, então, que escreveria este livro contando um pouco da minha vivência, que é uma coisa muito simples. Um livro que revelasse minha gratidão por tudo o que recebi vida afora e, se possível, inspirasse outras pessoas com minha trajetória um tanto incomum. É, realmente, simples assim. Para mim, tudo é muito simples. O que não significa que seja fácil. Decidi que eu poderia contribuir de alguma forma, dizendo para as novas gerações que nós somos capazes de vencer. Acredito que, com todas as minhas limitações, eu venci na vida sem grandes dificuldades. Jamais pensei que eu era uma mulher e que, por isso, poderia não ser aceita (ou mesmo hostilizada) no mercado de trabalho. Simplesmente fui fazendo o que precisava ser feito. E, quando foi hora, cheguei a um cargo executivo que me dá muito orgulho e enorme prazer em minha relação com o trabalho. É como escreveu meu célebre conterrâneo João Guimarães Rosa: "O que tem de ser tem muita força". O trabalho sempre foi algo sagrado em minha vida. Creio que, quando o desempenhamos com amor, é quase inevitável que nos tornemos bons profissionais. É quase uma decorrência lógica. Um bom pedreiro é um mestre de obras, o bom cozinheiro é um chefe de cozinha e um bom jardineiro é um paisagista. Afinal, todos compartilham uma unanimidade. Desempenham suas atividades com amor.

Todos os dias eu trabalho muito feliz, pois sei que estou cuidando de pessoas. Orgulho-me profundamente de ter vindo da roça e contribuído para que o Consórcio Magalu se tornasse uma das melhores empresas do Brasil para se trabalhar. Somos GPTW e pretendemos continuar nesse ranking! Sei que estamos gerando empregos e fomentando a economia. Tudo isso sem muito esforço, fazendo o que precisa ser feito. Tudo isso gostando de gente, aprendendo a ouvir, algo que eu incorporei com muita dificuldade, após muita terapia. Espero sinceramente que, por sua simplicidade, minha história possa oferecer alguns pontos de luz para outras criaturas igualmente persistentes e irrequietas. Afinal, cheguei lá convivendo com as pessoas do jeito que eu sou e que elas são. Eu não preciso ter um coração para o trabalho, outro para chegar em casa, um terceiro para me relacionar com os amigos e um quarto para ir a um jantar. A Edna é a mesma. Ela desempenha papéis diferentes, mas sua essência não muda jamais. Sou uma pessoa simples. Simples assim.

" Gente ao meu redor

"Atendo Edna como manicure há quase 30 anos. Então não consigo me esquecer daquela quinta-feira. Ela chegou por volta de 11h30 para fazer as unhas. Não demorei muito a notar que ela estava um tantinho fora do ar, pois demorava um pouco a responder às perguntas. 'Edna, você não está bem?' 'É... estou meio esquisita mesmo', foi a resposta. Quando terminei o trabalho, ela se levantou para ir ao banheiro, mas voltou depois de alguns passos. 'Acho que não dou conta de dirigir', ela disse. 'É melhor chamar o... o...', ela repetia, pois não conseguia lembrar o nome do Luiz, seu motorista. Como ela não desse conta de ligar, meu marido Airton telefonou para ele, que veio buscá-la. Ficamos todos muito assustados."

**Joana de Fátima Bernardes Pimenta,
58 anos, manicure**

"Sucedi meu pai, que também trabalhou um bom tempo como motorista da Edna. Naquela manhã ela foi fazer as unhas no salão. Ao meio-dia, o marido da manicure me ligou, dizendo que a Edna não estava bem. Fui correndo, mas ela não me reconheceu, nem sabia o que eu estava fazendo ali. Coloquei-a no carro e liguei para o Dr. Lázaro. Essa viagem que eu fiz com ela ao consultório foi a mais tensa de toda a minha vida. Ela tinha dificuldades para se localizar. Estava bem confusa. Durante a consulta, fui tratar da internação dela no Hospital da Unimed de Franca. Foi muito emocionante reencontrá-la em São Paulo após a cirurgia. Disse a ela: 'Para de dar susto na gente, menina!'. Ela riu bastante. Vi que, mesmo diante de tudo o que aconteceu, ela continuava forte. Decidi, então, colocar no carro um buquê de flores para ela. Pus no banco de trás, onde Edna raramente se senta, pois ela só viaja ao meu lado, no dianteiro. Minha filha Juliana hoje é fisioterapeuta da Edna. Mas meu grande trunfo é meu neto Rafael, de seis anos, que ela adora e vive acalentando com doces de goiaba e presentes. 'O menino fica louco!'"

Luiz Pugina, 58 anos, motorista de Edna

"Eu estava almoçando quando recebi um telefonema de Luiz, motorista da Edna, que a havia acudido na manicure. 'A Edna teve um curto-circuito e estamos aqui no doutor Lázaro', ele me disse. Por causa do ritmo intenso dela, achei que fosse alguma coisa relacionada ao trabalho. Não era. Fui para o consultório e a encontrei chorosa, sentada numa maca. Quando me viu, ela disse apenas: 'Ai, eu não estou bem'. Avisado do problema, Neto, o filho dela, ligou e, ao atender, Edna caiu num choro profundo. Como suas dores de cabeça eram muito fortes, eu fiz uma pequena compressa com uma toalha úmida, que mantive pressionada levemente sobre sua cabeça. Também lhe dei um rápido passe, pois somos ambas kardecistas. Rezamos juntas, de mãos dadas. Seu grande medo àquela hora era de que seu filho Neto estivesse dirigindo nervoso pelas estradas. Demorou até que ela tomasse remédio para a dor. Só após fazer a ressonância. Quando o resultado saiu, ainda se pensava que ela tivera um AVC. Depois, viram que havia um tumor. Não entendo muito de Medicina, mas entendo de tristeza e de amor. Fico grata por ter podido ajudá-la nesse momento dificílimo. Foi como se eu estivesse amparando a minha própria mãe."

Isabela Gera Furlan, secretária-executiva de Edna na Consórcio Magalu

> "Quando chegou ao meu consultório, Edna apresentava um quadro de confusão mental acentuada. Ela estava chorando, sem conseguir articular as palavras (o que, no vocabulário médico, chamamos de disartria). Além disso, ela sentia-se emocionalmente muito instável e com perda pronunciada de memória. A imagem primária de uma tomografia sugeria um acidente vascular cerebral (AVC). Encaminhei-a, então, a uma neurologista, pedindo-lhe um parecer. A médica solicitou uma ressonância magnética. Confesso que fiquei assustado com a magnitude do problema, apreensivo com o desenrolar da patologia e com a reação do Neto. Na sexta-feira, minha mulher ligou para o doutor Wen e seguimos para São Paulo no sábado pela manhã. No dia seguinte, acompanhei as sete horas de cirurgia. Foi um procedimento muito delicado. Graças a Deus, 'tudo correu limpinho', como nós, médicos, costumamos dizer quando há uma cirurgia sem qualquer intercorrência. Seu tumor, embora agressivo, era um câncer primário (sem metástase). Edna aderiu de coração à cura, o que ajudou muito em sua recuperação. Ela é

> metódica e cultiva hábitos muito saudáveis. Sua cabeça voltou ao normal, e os sintomas desapareceram. Teoricamente, portanto, ela está curada."
>
> **Doutor Lázaro de Paula Ribeiro, 59 anos, gastroenterologista, médico de Edna**

"Quando Edna ficou doente, no final de 2019, fui eu quem atendeu novamente ao telefonema. Era uma quinta-feira. Reparti a notícia com minha irmã Lúcia e, no dia seguinte, avisamos minha mãe. Ligamos para Edna. Já não era um AVC, e sim um tumor no cérebro. Mamãe se desesperou. No dia seguinte, Edna iria para São Paulo e eu decidi ir também. Antes de sair, fui à igreja de Nossa Senhora das Cabeças, aqui de Perdizes, e orei muito, até me acalmar. Domingo cedinho fui para São Paulo. Ela havia acabado de sair da cirurgia e passei a primeira noite com ela no hospital. Sei que a operação dela foi muito delicada, mas o ânimo de Edna estava bem elevado. Ela me pareceu muito segura e confiante. Fiquei felicíssima com o seu estado. Mais uma vez, eu tive de tirar o chapéu. Minha irmã é uma fortaleza!"

Janei, irmã

"Só me contaram do problema de Edna à noitinha. Foi um choque terrível. Eu não sabia se iria desmaiar ou morrer. Minhas filhas até dobraram o meu remédio para o coração. Eu queria demais vê-la, mas não me deixaram ir para São Paulo. Depois da cirurgia, ainda passei um mês sem encontrá-la pessoalmente. Foi uma agonia. Só a vi em alguns vídeos, pelo celular. Quando ela finalmente veio para Perdizes, chorei demais. Minha filha estava sem parte do cabelo, e isso me deixou muito abalada. Segurava a mão dela o tempo todo e, quando estava sozinha, eu caía no choro. Só comecei a serenar depois de muita conversa. Como acredito em Deus, tentei ser forte para não entristecer ainda mais a família. Se ela, que estava passando por tudo aquilo, se mantinha forte, como eu poderia desanimá-la com a minha tristeza? Uma mãe nunca faria isso. Estou ao lado de Edna para o que der e vier. E acho que ainda temos muitas coisas boas a caminho."

Dona Maria, mãe

"Eu estava almoçando na dona Deôla, uma padaria de São Paulo, quando o doutor Lázaro me telefonou. Eram 12h30. 'A sua mãe teve uma ausência, vamos interná-la no hospital e seria bom que você viesse.' Fui para casa, peguei uma mochila e segui de carro para Franca. Estavam todos apavorados, ainda achando que tivesse sido um AVC. Encontrei minha mãe no hospital. Ela tinha muitas dores de cabeça e seguidos lapsos de memória. Demorou um minutinho até que ela me reconhecesse. Visitei-a à noite na UTI. 'Eu não estou entendendo o que está acontecendo e por que eu estou aqui', ela me disse. No dia seguinte saiu o resultado da ressonância. Ela já estava mais consciente e serena, mas sabia que o pior também era uma possibilidade presente. Precisávamos tomar uma decisão rápida. Consultamos primeiro um cirurgião neurologista de Franca. Sua postura, no entanto, foi um tanto ríspida e bem pouco acolhedora. Ele foi muito negativo e de baixa transparência. Uma das primeiras coisas que disse foi que, provavelmente, minha mãe teria alguma paralisia como sequela. Uma conversa desanimadora. Troquei, então, uma ideia com o doutor Lázaro, que me indicou um colega seu, o doutor Wen, cirurgião neurologista paulistano, que havia operado "o enteado dele. Doutor Wen foi muito receptivo. Disse que o tumor era bem próximo ao crânio, o que, de certa forma, melhorava o prognóstico. No sábado, após uma conversa com os familiares, seguimos para São Paulo. Chegando ao hospital Samaritano, ela realizou uma bateria de novos exames e começou a ser preparada para a cirurgia na manhã seguinte. Antes de ser operada, minha mãe, sempre muito metódica e irrequieta, me chamou e iniciou uma conversa, em que começou a me dar instruções sobre como proceder com relação a tudo: o sítio, minha avó, os familiares, a Amarja e a Abac. Cortei a conversa. 'Só vou cuidar disso enquanto você estiver no hospital. Depois é com você!', eu disse a ela. 'Por isso, trate de ficar boa logo.' Cortei o papo. Pois não é que ela ficou boa mesmo? Graças à extrema competência e à personalidade solidária do doutor Wen, um médico e ser humano formidável. Idem ao doutor Lázaro, que nos acompanhou desde o primeiro momento, com orientações e cuidados irretocáveis. Nesse momento, eu cheguei a agradecer o fato de o cirurgião de Franca haver nos tratado com certo desdém. Quando minha mãe deixou o "hospital e veio para a minha casa, transbordei de alegria. Julia, minha noiva, ajudou-nos em todos os aspectos. Iríamos nos casar em maio, mas, por causa dessa situação (e também da pandemia), decidimos adiar a cerimônia. Fazemos absoluta questão de ter minha mãe, feliz e plenamente recuperada, ao nosso lado no altar. Quando isso acontecer saberei que, enfim, comecei a devolver a ela ao menos um pouco do tanto, tanto, tanto que ela sempre fez por nós e por toda a família. Viva, minha mãe!"

Antônio Honorato Neto Piccinini, filho

"Neto e eu começamos a namorar no início de 2013. Conhecemo-nos numa festa e, ao menos para mim, foi amor à primeira vista. Mas ele desapareceu no dia seguinte, cortando o meu encanto. Só depois eu soube que seu pai, o Marcos, havia morrido. Reencontramo-nos. Mas, após dois meses, embarquei para Dublin, na Irlanda, para um intercâmbio de seis meses. Já estávamos bem envolvidos e, durante esse semestre, conversamos ao telefone todos os dias. Todos, sem nenhuma exceção. Na volta, começamos a namorar. 'Eu "gosto de você e quero que fiquemos juntos', ele me disse. Eu já sabia que tinha uma sogra muito singular e confesso que sentia um certo medo de conhecê-la. Eu já ouvira a sua fama de poderosa e, além disso, havia reparado que o Neto muitas vezes gaguejava quando falava com ela ao telefone. 'Deve ser muito brava', eu imaginava então. Logo em nosso primeiro encontro, porém, essa imagem se dissipou. Seu olhar e seu acolhimento me desarmaram em questão de segundos. Edna abraçou-me e beijou-me com uma enorme doçura. Tive muita sorte. Edna é o oposto da sogra chata dos clichês. É forte, receptiva, batalhadora e generosa. E, por fim, algo muito importante para uma nora: ela é alguém que sabe trazer os outros para o lado dela sem invadir a vida alheia. Nossa convivência nunca deixou de evoluir. Hoje, eu ouso dizer que temos uma relação de mãe e filha. Até admito que, quando ela começou a namorar o Ricardo Hanuch, senti uma forte pontada de ciúmes. Vivo dizendo ao Neto: 'Você deveria ser um defensor intransigente do feminismo, pois você só é o que é por sua mãe ter aberto a estrada com um facão'. Neto e eu já vivemos juntos

> há algum tempo. Estávamos prestes a nos casar quando teve início a pandemia. Tivemos de adiar a cerimônia por duas vezes. Maio de 2022 é a nova data. Casada ou não, eu já tenho uma certeza: Edna é realmente uma expressão do feminino que eu gostaria muito de seguir."
>
> **Júlia Mendonça Richieri da Costa, 30 anos, publicitária, nora de Edna**

"Quando tia Edna descobriu o seu câncer e estava de partida para São Paulo, fomos nos despedir, todos emocionados e com os nervos à flor da pele. Mas ela estava serena, mesmo ciente de tudo que estava lhe acontecendo. Agradeceu a todos. Eu quis dar-lhe minha correntinha com Nossa Sra. de Aparecida, que carrego no pescoço há décadas. Ela ficou comovida, mas recusou. Tia Edna disse então uma frase que ela usa com muita frequência: 'A gente precisa ter fé, foco e execução. Não adianta colocar na mão de Deus se nós não fizermos a nossa parte'. Depois disso, embarcou no carro para São Paulo e sua cirurgia."

Tiago Honorato da Silva, 32, sobrinho

"Recebi, na sexta-feira, um telefonema de Neto, filho da Edna, me informando sobre o quadro clínico dela. Eu já havia operado o enteado do doutor Lázaro, que me indicou para o seu caso. A ressonância realizada no hospital de Franca não deixava dúvidas quanto ao tumor e a necessidade de extraí-lo o mais rápido. Não era uma cirurgia de emergência, mas sim de urgência, e desse modo foi conduzida. Era um tumor bem agressivo, mas extirpável, que pedia uma pronta intervenção, seguida de sessões de quimio e radioterapia. Foi uma situação emblemática de nossos tempos. Conversamos on-line na sexta-feira, confirmei o diagnóstico e já marcamos a cirurgia para a manhã de domingo. Só conheci Edna pessoalmente na noite de sábado, 12 horas antes da cirurgia. Tal rapidez era inconcebível havia alguns anos sem internet e toda essa conectividade. Edna se manteve muito tranquila e aderiu fortemente à cura, mostrando grande confiança na equipe médica. Despertou da cirurgia como quem desperta de uma bela noite de sono. Agora ela leva uma vida normal, apenas com os controles necessários e recomendados. Registro um fato curioso. Edna, durante sua estada no hospital Samaritano, falou muito sobre sua empresa. Meu assistente, que investe na bolsa, ficou encantado. Resultado: Edna fez com que nós dois nos tornássemos acionistas do Magalu. Somos minoritaríssimos, mas fizemos um belo negócio. As ações só se valorizaram até hoje."

Wen Hung Tsu, 57 anos, cirurgião neurologista

"Edna teve uma ótima recuperação diante de seu prognóstico. Esse quadro, no meu entender, se deveu à habilidade do cirurgião e ao fato de seu tumor estar localizado junto ao crânio, e não no centro do cérebro, o que seria bem mais problemático. Edna está respondendo muitíssimo bem aos tratamentos quimio e radioterápico. Eu atribuo esse fenômeno à sua disciplina, ao seu senso de missão e espiritualidade. Quem tem objetivos claros tende a responder bem melhor ao tratamento. Sua dedicação e empenho no pós-cirúrgico são invejáveis. Ela nunca se queixou de desconfortos, que são muito frequentes em casos semelhantes, e praticamente não teve nenhum efeito colateral. Edna é uma pessoa física e mentalmente muito

" ativa – e isso favorece muito uma evolução positiva. Durante nossa convivência conheci sua incrível história de vida, pela qual me apaixonei. Nós, oncologistas, sempre entramos na vida das pessoas em momentos difíceis. Talvez por isso mesmo conseguimos enxergar o que cada uma tem de melhor. Mesmo doente, Edna continua se preocupando com as pessoas ao seu redor. É gratificante ver uma pessoa tão generosa e que, mesmo em meio à adversidade, decide avançar. Fiquei radiante ao saber que ela decidira escrever um livro. Edna é uma guerreira. Absorve os golpes, foca no que realmente importa e continua avançando. Sua conduta foi absolutamente exemplar."

Dr. Marcelo Aisen, 48 anos, oncologista

"Quando Edna enfrentou o seu câncer, meu maior medo era a cirurgia, que durou cerca de 10 horas. Achei que ela estaria bem abatida. Só sosseguei quando ouvi sua voz ao telefone: 'Eu estou bem!'. Meu coração ficou quentinho, quentinho. Quando ela voltou para Franca e eu a vi bem, corada, chique, forte e tranquila, ele sossegou de vez. Tive vontade de pegá-la no colo."

Danieli Cristina Lemes, 30 anos, amiga da família

"Em janeiro de 2021, apenas duas semanas após a cirurgia, quando ainda iniciava suas sessões de rádio e quimioterapia, Edna fez questão de participar da reunião do conselho. Embora emocionada, ela dirigiu-se aos membros e reiterou seu propósito de seguir à frente da Abac. Todos vibraram."
Bárbara Robles Lima, 40 anos, secretária da Presidência da Abac – Associação Brasileira das Administradoras de Consórcio

"A Edna é uma pessoa que venceu na vida em várias frentes. Ela enfrentou diversos processos de perdas, mas em nenhum momento esmoreceu ou se vitimizou. É preciso ser muito forte para fazer isso."
Carlos Renato Donzelli, 51 anos, diretor executivo da holding Magalu

"Sua doença foi muito inesperada, mas Edna enfrentou esse choque pessoal com a mesma força com que sempre agiu no trabalho."
Luiza Helena Trajano, presidente do Conselho de Administração do Magazine Luiza

EPÍLOGO
Alma grata

NEM EM MEUS SONHOS MAIS LONGÍNQUOS IMAGINEI QUE um dia me tornaria executiva de uma organização eleita pelo Great Place to Work (GPTW) como uma das melhores empresas do Brasil para se trabalhar. Tampouco imaginei que um dia a minha biografia pudesse ganhar a moldura de um livro. Mas isso aconteceu – e me toca fundo o coração.

Na simplicidade de minha infância na roça mineira, eu achava que, para ir ao Japão, era necessário cavar um buraco no chão, fundo o bastante para que chegássemos ao outro lado do mundo. Décadas mais tarde, quando viajei pela primeira vez a Tóquio para uma premiação, descobri não só como o mundo é mesmo grande, mas também o quanto ele é repleto de oportunidades.

Agora, sobrevoando essa história já escrita, tenho essa mesma impressão sobre minha vida. Eu nunca havia me dado conta de quanta coisa fizera até aqui... apenas vivendo. Pude perceber, percorrendo essas páginas, algo ainda maior: os meus atos tiveram uma ressonância considerável na vida de muitas pessoas e que minha existência foi uma espécie de intercâmbio de exemplos. Tanto aqueles que eu colhi, me mirando nos gestos de outros, quanto os que eventualmente ofereci aos que se espelharam em minhas atitudes e sentimentos. É assim, a cada gesto bem orientado, que contribuímos para tornar melhores as pessoas, as empresas e a própria sociedade.

Não tive uma vida fácil. Nem tenho. Os inúmeros trancos e perdas descritos ao longo destas tantas linhas não deixam dúvida alguma a esse respeito. Mesmo essas adversidades, porém, acabaram se revelando fonte de aprendizados luminosos. Não é fácil, obviamente, adentrar repentinamente um hospital para extrair um tumor do tamanho de um limão do próprio cérebro.

Mesmo colhida pelo inesperado, no entanto, sinto que Deus me enviou claros sinais de que entregar os pontos estava fora de cogitação. Mesmo em meio à extrema tensão da cirurgia e ao desconforto das sessões de quimio e radioterapia, encarei minha doença como um presente de Deus. Foi como se ele me dissesse: "Edna, agora é preciso olhar mais para você mesma". Em sua infinita grandeza, Ele sabe que eu sou teimosa e que não é nada fácil me deter. Principalmente, quando o assunto é viver. Não sou de brigar com o destino. Prefiro absorver suas lições. Munidos desse espírito, somos capazes de superar situações inimagináveis.

Agora que cada palavra encontrou seu devido lugar nessa história, vejo que minha missão neste mundo está mais nítida do que nunca. Ela consiste em devolver à humanidade a generosa cesta de alegrias e lições com que a vida me contemplou. Tento dar conta desse presente com a mesma simplicidade com que vivi cada dia. Desfazendo os nós e conservando os laços. Minha resposta aos desafios da vida quase sempre é uma coisa muito simples, o que não quer dizer que seja fácil. Gratidão é a minha palavra final, destinada a todos aqueles que, de alguma forma, caminharam ao meu lado pela trilha dos anos. Aos que, a cada novo dia, me fizeram aprender, desaprender e reaprender, – três palavrinhas tão mágicas quanto sinceras. Muitíssimo obrigada!

Edna Maria Honorato

POSFÁCIO
Mãe de muitos

É CLARO QUE, COMO SEU FILHO, SOU ALTAMENTE SUSPEITO para formular esse juízo. Mas, mesmo assim, quero fazê-lo. Realmente acredito que nada se compara à história de minha mãe. Não por grandeza ou acontecimentos. Mas sim por sua perseverança e permanente ligação com suas próprias raízes, em especial as familiares. Nunca fui filho único, pois minha mãe teve inúmeros filhos. Eu diria até inúmeras famílias. Cada pessoa que esteve ao seu redor, que participou de um momento de sua vida, tornou-se família. É quase uma sina para quem se conecta a ela.

Minha mãe teve uma vida dura, repleta de desafios. No entanto, o mais emocionante não são eles em si, mas sim a simplicidade com que ela atravessou cada um desses obstáculos. Os depoimentos deste livro deixam isso claro. Saber o que pensavam sobre ela cada pessoa, cada familiar, cada amigo, em todos os momentos mais importantes e desafiadores, somente reforça a grandiosidade dessa mulher, a qual tenho orgulho de chamar de mãe.

Confesso que cada capítulo ou depoimento foi uma jornada muito comovente, que percorri entre lágrimas e lembranças, realçando a minha certeza na força desse ser de luz. Uma vida nem sempre é um filme de Hollywood, em que altos e baixos acontecem para preparar um final feliz. Ela mesma me ensinou que a sua jornada consiste em devolver ao mundo muito do que já recebemos. Quem poderia dizer que em sua simplicidade ela teria alçado voos tão altos? Refiro-me a cada momento de sua vida, em especial aos seus próximos passos, sempre intermináveis e desafiadores. Minha mãe lutou muito. Para estudar, ascender profissionalmente e mesmo nos momentos mais desafiadores, como em seu atual tratamento contra o câncer.

Orgulho-me de cada momento em que o mundo ou as pessoas lhe cobraram uma posição e ela respondeu à altura, mesmo com receio ou temor, mas amparada em seus pilares, ensinamentos de meus avós, simplicidade da vida na roça, família, espiritualidade e o mais importante, a lei do amor.

    Este livro é um grande legado tanto para as pessoas que a amam quanto para aqueles que não conhecem sua história. Edna Maria Honorato. Minha mãe! Que, sim, com muito trabalho, amor e perseverança transformou sua história em algo "simples assim". Que conquistou pessoas ao seu redor, com um jeito único e emblemático. Uma figura simples e marcante, como um ipê que floresce no meio dos campos e pastos, sem esperar nenhum tipo de retorno. Foi maravilhoso navegar por tantos acontecimentos. Pequenos ou grandiosos, esses episódios revelam suas origens, raízes e família. Constroem uma mulher que conquista com sua grandeza e humildade. Alguém que nunca deixou de lado suas lembranças, sua raiz e sua paixão pela vida. Obrigado, mãe Edna, por estar ajudando, com a sua história, a transformar o mundo em um lugar melhor.

Antônio Honorato Neto Piccinini

©2021, Pri Primavera Editorial Ltda.

©2021, Edna Maria Honorato

Equipe editorial: Lourdes Magalhães, Larissa Caldin e Manu Dourado
Preparação: Fabricia Carpinelli
Revisão de texto: Fernanda Guerriero Antunes
Projeto gráfico e Capa: Editorando Birô
Mentoria Editorial: José Ruy Gandra

Dados Internacionais de Catalogação na Publicação (CIP)
(Câmara Brasileira do Livro, SP, Brasil)

Honorato, Edna Maria
  Simples assim : a história da CEO que veio da roça / Edna Maria Honorato. –- São Paulo : Primavera Editorial, 2021.
  308 p. : il.

ISBN 978-65-86119-70-1

1. Honorato, Edna Maria - Biografia 2. Administradores de empresas - Biografia I. Título

21-3753   CDD 926.58

Índices para catálogo sistemático:

1. Honorato, Edna Maria - Biografia

PRIMAVERA
EDITORIAL
Av. Queiroz Filho, 1560 - Torre Gaivota - Sala 109
05319-000 – São Paulo – SP
Telefone: (55 11) 3031-5957
www.primaveraeditorial.com
contato@primaveraeditorial.com